Plädoyer für eine Ökumenische Zukunft (Hrsg.)

Generationen begegnen sich

Ein Dialog über Geschichte, gegenwärtige Vielfalt und Zukunft des Plädoyer

herausgegeben und redaktionell bearbeitet von Gerd Klatt im Auftrag des
Fortsetzungsausschusses des Plädoyer für eine Ökumenische Zukunft

Alektor - Verlag

CIP – Titelaufnahme der Deutschen Bibliothek

Generationen begegnen sich: Zwischenbilanz einer ökumenischen Lernerfahrung, Stuttgart, 16./17.6.1989 / hrsg. vom Plädoyer für e. Ökumenische Zukunft. – Westberlin: Alektor – Verl., 1989
ISBN 3 – 88425 – 046 – 9
NE: Plädoyer für eine Ökumenische Zukunft e.V.

Printed in Germany 1989
ISBN 3 – 88425 – 046 – 9

INHALTSVERZEICHNIS

Karl-Heinz Dejung

VORWORT

Mit diesem Buch legt eine Gruppe Rechenschaft über ihre zehnjährige Arbeit ab: das PLÄDOYER FÜR EINE ÖKUMENISCHE ZUKUNFT.

Sie hat ihr zehnjähriges Bestehen mit einer Versammlung in der Ev. Stephanus-Kirchengemeinde in Stuttgart-Bad Cannstatt am 16./17. Juni 1989 gefeiert und dabei eine Zwischenbilanz zu ziehen versucht. Diese Versammlung dokumentiert der erste Teil der vorliegenden Veröffentlichung, während im zweiten Teil die bisherige „Materialproduktion" des PLÄDOYERS zusammengetragen ist.

Wer sind wir?

Die Frage nach der Identität des PLÄDOYERS ist eine schwierige. In den zehn Jahren Zusammenarbeit von ökumenisch orientierten FreundInnen erhielt sie unterschiedliche Antworten.

Für viele von uns war das PLÄDOYER die **Ökumenefraktion der Kirchenreformbewegung.** Diese Ortsbestimmung machte Sinn, so lange Kirchenreform sich als solche ausweisen konnte. Sie wird hinfällig, wenn wir erkennen müssen, daß gegenwärtig in den offiziellen Kirchen Reform gleichgesetzt wird mit Bestandswahrung und der Werbung von neuen Mitgliedern.

Das PLÄDOYER als **Pressure-Group der Genfer Zentrale** innerhalb der EKD, so wurde das PLÄDOYER vor allem im Kirchenamt in Hannover eingeschätzt und verstanden. Im Streit um unsere ökumenische Zukunft war damit zugleich von kirchenamtlicher Seite der Konflikt vorprogrammiert. Nach dem berüchtigten Memorandum vom November 1978 über die Grenzen der Mitgliedschaft der EKD im ÖRK mußte dieses Selbstverständnis bzw. Feindbild zum Streit führen.

Das PLÄDOYER als **Scharnier zum Palaver zwischen ökumenischen Initiativgruppen und offizieller Ökumene** innerhalb unserer Kirchen, diese Funktion war nur konsequent, wenn der Grundkonflikt zwischen Bewegung und volkskirchlicher Institution konstruktiv angegangen werden sollte. Wir haben uns dieser Aufgabe oft gestellt, zweimal in den mühsam vorbereiteten Konsultationen von Arnoldshain (1985 und 1987). Wir sind dabei nicht sehr erfolgreich gewesen und haben die Strategien der Gesprächsverweigerung seitens der ökumenischen Hardliner innerhalb unserer Kirchen kaum durchbrechen können. Nach dem jüngsten Krisengespräch zwischen kirchlich gebundenen Südafrikagruppen und einer Ratsdelegation (Mai 1989) gibt es wenig Hoffnung für herrschaftsfreies Palaver und viel Wut und Enttäuschung über Verletzungen.

Das PLÄDOYER als **Knotenpunkt verschiedener Initiativgruppen und Netzwerke**, dieses Selbstverständnis gab uns die Kraft und die Spannung zu den Mainzer Ökumenischen Tagen vom September 1982 und der dort verabschiedeten Mainzer Ökumenischen Erklärung. Diese Rolle war damals wichtig. Aber wir wissen, daß sie uns – Gott sei Dank – über den Kopf gewachsen ist. Initiativgruppen und Netzwerke lassen sich schwer auf Dauer und von zentraler Hand gesteuert verknoten. Sie leben von ihrer Eigendynamik, von dem Ruf, der aus der Vision erschallt. Sie lassen sich nicht antreiben von noch so bewegten FunktionärInnen eines Fortsetzungsausschusses.

Für mich gibt es bei der Frage nach der Identität des PLÄDOYERS keine bessere Antwort als diejenige, die uns nun 10 Jahre in diesen verschiedenen Rollen am Leben gehalten hat. Ich habe im PLÄDOYER Gemeinschaft der FreundInnen Jesu Christi erfahren und dabei Kirche entdeckt. Freundschaft als ekklesiologische Kategorie wird im Johannes-Evangelium erstmals formuliert. Sie erscheint gerade in dürftigen Zeiten, wo Anfechtung und Bedrängnis an jeder Ecke lauern, Voraussetzung für eine überlebensfähige Kirche. Dietrich Bonhoeffer hat Freundschaft als ekklesiologische Erfahrung in seiner Ethik und in seinen Gefängnisbriefen wieder entdeckt, und vielleicht ist es an der Zeit, diesen kostbaren „Kirchenschatz", den wir unter uns haben, zu pflegen und zu ehren.

Wir grüßen mit dieser Dokumentation unserer Arbeit in besonderer Weise drei FreundInnen, die weite Reisen auf sich genommen haben, um mit uns in Stuttgart zu feiern, und ohne die es das PLÄDOYER wohl nicht gegeben hätte:

– Philip Potter, der mit seinem Aufruf zur Auswertung von zehn Jahren Streit gegen Rassismus unseren FreundInnenkreis zusammengebracht hat,

– Bärbel von Wartenberg-Potter, die als einzige Frau bei der Gründung mitwirkte und dem Fortsetzungsausschuß bis 1983 angehörte, und

– Baldwjn Sjollema, der über mehr als fünfzehn Jahre für das ökumenische Programm zur Bekämpfung des Rassismus stand.

TEIL A

STUTTGART, 16./17.6.1989

Werner Simpfendörfer

ERHOFFTE VERGANGENHEIT

Kritischer Rückblick auf zehn Jahre des Versuchs, ein ökumenisches Relais in der EKD zu bilden

Das leere Grab

ein grab greift
tiefer
als die gräber
gruben
denn ungeheuer
ist der vorsprung tod
am tiefsten
greift
das grab das selbst
den tod begrub
denn ungeheuer
ist der vorsprung leben

Kurt Marti

I. Erhoffte Vergangenheit

Ich beginne mit einer Ostergeschichte:

„Maria aber stand draußen vor dem Grab und weinte.

Als sie nun weinte, schaute sie in das Grab und sieht zwei Engel in weißen Gewändern sitzen, einen zu Häupten und den anderen zu den Füßen, wo sie den Leichnam Jesu hingelegt hatten. Und sie sprachen zu ihr: Weib, was weinst Du? Sie spricht zu ihnen: Sie haben meinen Herrn weggenommen, und ich weiß nicht, wo sie ihn hingelegt haben.

Und als sie das sagte, wandte sie sich um und sieht Jesus stehen und weiß nicht, daß es Jesus ist. Spricht Jesus zu ihr: Weib, was weinst Du? Wen suchst Du? Sie meint, es sei der Gärtner und spricht zu ihm: Herr, hast Du ihn weggetragen, so sage mir, wo Du ihn hingelegt hast, dann will ich ihn holen.

Spricht Jesus zu ihr: Maria! Da wandte sie sich um und spricht zu ihm auf hebräisch: Rabbuni! – das heißt: Meister! Spricht Jesus zu ihr: Rühre mich nicht an, denn ich bin noch nicht aufgefahren zum Vater. Geh aber hin zu meinen Brüdern und sage ihnen: ich fahre auf zu meinem Vater und zu Eurem Vater, zu meinem Gott und zu Eurem Gott. Maria von Magdala geht und verkündigt den Jüngern: Ich habe den Herrn gesehen, und das hat er zu mir gesagt." (Joh 20,11-18)

Vier Beobachtungen an diesem Text möchte ich verbinden mit vier Assoziationen, die mir für unser Thema und für unser Treffen wichtig sind:

a) Maria von Magdala, diese Mirjam hatte angesichts des leeren Grabes eine zweifache Wende zu vollziehen:
   1. die Wende weg vom leeren Grab
   2. die Wende hin zur Zukunft eines neuen Lebens mit dem Auferstandenen.

b) Mirjam, die Freundin Jesu, hat Ostern allein erfahren, als erste verstanden, als erste gepredigt. Wo waren die Männer?

c) Der Ruf ins neue Leben kam vom Jenseits des Bekannten und Vertrauten, vom Jenseits des Status quo. Die vertraute Stimme war die Stimme eines Fremden.

d) Mirjam nahm Ostern unter die Füße, sie lief los in einem zweiten abrahamitischen – nein: saraitischen Aufbruch in ein Land, das es noch zu entdecken galt.

II. Kritischer Rückblick

Die erste Wende weg vom Grab

1. Wenn wir anläßlich unseres zehnjährigen Er-innerns im PLÄDOYER FÜR EINE ÖKUMENISCHE ZUKUNFT über **erhoffte Vergangenheit** reden, bedeutet das für mich den Versuch, Hoffnungen aufzuarbeiten, die sich nicht erfüllt haben und die dennoch nicht vergeblich waren. Wir werfen also diese Hoffnungen nicht einfach weg – z.B. die Hoffnung auf einen ökumenischen Weg konziliarer Partnerschaft mit der Institution Kirche oder die Hoffnung, daß wir uns doch noch zu den Armen bekehren werden –, aber wir wiederholen diese Hoffnungen auch nicht einfach. Im Lichte unserer Erfahrungen und ange-

sichts der heute erkennbaren Herausforderungen suchen wir für diese Hoffnungen nach neuen Namen. Wir rechnen mit der biblischen Erfahrung, daß Gott auch in unseren Tagen unter neuen Namen erscheint, an neuen Orten angerufen, ausgerufen, gefragt und gelobt sein will. Die ökumenische Zukunft trägt heute neue Namen, deren Herausforderung sich ein Plädoyer für eine ökumenische Zukunft stellen muß. Abraham und Sara, Sara und Abraham sind heute auch bei uns zu einem neuen Aufbruch gerufen in ein Land, das adonai ihnen zeigen will. Sein Licht wird uns leuchten auf dem langen Weg.

2. Versuchen wir zu rekapitulieren, welches vor zehn Jahren unsere Hoffnungen waren. Sie trugen **eine** gemeinsame Überschrift: „Mehr ökumenische Verbindlichkeit in Westdeutschland!" Ernst Lange hat mit diesem Titel seiner berühmt gewordenen „Eingabe an einen westdeutschen Kirchenführer" schon 1972 unsere Hoffnungen präzise auf den Punkt gebracht. Wir haben sie dann 1979 offensiv detailliert – in Beantwortung eines Briefes von Philip Potter an alle Kirchen – als Hoffnungen auf die Überwindung von fünf Mauern der babylonischen Gefangenschaft unserer Kirche:

- die Mauer des **Parochialismus**, hinter dessen provinzieller Gewissensstruktur die Volkskirche sich versteckte, weil sie die Parochie zur einzig legitimen Form von Kirche erklärte,
- die Mauer des **Purismus**, hinter der sich die Kirche versteckte unter Berufung auf eine Ethik der sauberen Hände im Namen einer Gewaltlosigkeit, die sie selber keineswegs praktizierte,
- die Mauer des **Neutralismus**, hinter der sich die Predigt einer Kirche versteckte, die angeblich für alle da war, es allen recht machen wollte und damit das **Ja!Ja! – Nein! Nein!** der Bergpredigt verabschiedete,
- die Mauer eines **Universalismus**, hinter der sich eine Kirchentheologie versteckte, die universale Gültigkeit beanspruchte,
- die Mauer des **Kapitalismus**, hinter der sich die Kirche versteckte in dem Wunsch, ihre und unsere Besitzstände zu wahren.

Diese fünf Mauern sind bis heute nicht eingestürzt – aber sie wackeln. Sie haben in diesen zehn Jahren deutliche Risse bekommen, und der eigentliche Streit in der Kirche geht doch wohl darum, ob diese Risse geflickt oder ob der Einsturz dieser Mauern zu befördern sei, damit der oikos Gottes neu gebaut werden kann. Die Risse in diesen Mauern sind unterschiedlich tief, unterschiedlich lang und unterschiedlich breit. Wer sich nicht am Flick-Werk beteiligen will – etwa unter der Devise: „Christsein gestalten!" –, sondern im Sinne der Vision des Propheten Sacharja handeln möchte, (zu ihm sagte nämlich Gottes Engel: „Lauf und sage dem Jüngling dort: Offenes Gelände soll Jerusalem bleiben ob der Menge der Menschen und Tiere darin, und ich selbst, spricht der Herr, will eine feurige Mauer sein ringsum und es mit meiner Herrlichkeit erfüllen!" [Sach 2,8+9]); wer also offene prophetische Praxis sucht, muß sich vor allem auf drei Grund-Dimensionen ökumenischer Existenz besinnen:

a) auf das **Augenmaß** – nicht im Sinne des ökonomischen oder politischen Kalküls, sondern im Sinne des existentiell wahrzunehmenden Kairos,

b) auf **Solidarität** – nicht im Sinne von Korpsgeist oder Verschwörung, sondern im Sinne des Teilhabens am Leiden anderer und der Koalitionsfähigkeit mit ihnen,

c) auf den **Mut** – nicht auf den Mut der Verzweiflung oder der Angstfreiheit, sondern auf den Mut der Zuversicht, daß das Reich der Gerechtigkeit uns zu-kommt.

In diesem ökumenischen Horizont haben wir einen Weg vor uns jenseits der Mauern.

3. „Mehr ökumenische Verbindlichkeit in Westdeutschland!" – was ist aus unserer Hoffnung geworden? Nach zehn Jahren PLÄDOYER stellen wir ehrlich und deutlich fest: Nicht ein Mehr an ökumenischer Verbindlichkeit ist herausgekommen, sondern ein Mehr an ökumenischer Polarisation

– in unserer eigenen Kirche und zwischen den Kirchen
– in den Kulturen und zwischen den Kulturen
– im Süden und im Norden sowie zwischen Nord und Süd.

Eine Sicht des konziliaren Prozesses und seiner Stationen, die dieses Mehr an Polarisation verschweigt, hat ihn falsch betrieben und falsch begriffen und setzt das Flick-Werk an den Rissen fort, statt sich mit dem Propheten ins offene Gelände zu wagen im Vertrauen auf Jahwes „feurige Mauer".

Ein Mehr an ökumenischer Polarisation – ist das eine ökumenische Bankrotterklärung oder eine späte Einsicht in das wahre Gesetz des Ökumenismus? Ein Mehr an ökumenischer Polarisation – signalisiert das einen Verlust an ökumenischer Kompetenz oder einen Gewinn an ökumenischer Wahrhaftigkeit? Ein Mehr an ökumenischer Polarisation – bedeutet das einfach eine Vermehrung des Leidens an der Ökumene oder fangen wir endlich an – wie in anderen

Kontinenten des Südens schon lange – Ökumene als Leiden nicht nur zu definieren, sondern auch zu erfahren?

Einige werden bemerkt haben, daß ich von dem mir vorgegebenen Untertitel meines Referats („ein kritischer Rückblick auf den Versuch, zehn Jahre lang Bindeglied zwischen Ökumene und Volkskirche zu sein") abgewichen bin. In meinem Verständnis konnte und wollte das PLÄDOYER nicht ein „Bindeglied" sein zwischen Volkskirche und Ökumene. Das Bild vom Bindeglied vermittelt mir die Vorstellung einer Kupplung zwischen zwei Waggons, die zusammengehängt werden sollen, damit sie auf der gleichen Schiene laufen. Dem Plädoyer geht und ging es für mein Verständnis nicht um anhängerschaftliche Verkupplung, was angesichts der unterschiedlichen Spurweite von Volkskirche und Ökumene ohnehin aussichtslos wäre. Ich verstand und verstehe das PLÄDOYER vielmehr im Sinne eines Relais, also einer Kommunikationsstation, die Impulse von außen empfängt und dorthin vermittelt, wo Wirkungen erzielt werden sollen. Ein solches Relais kann auch zwischen unterschiedlichen „Spurweiten" für Kommunikation sorgen, ohne von einem der beiden abhängig zu sein. Natürlich hat jedes technische Bild seine Grenzen, vor allem, weil mit **diesem** Bild nicht in Betracht gezogen wird, wie sehr wir uns selbst in diesem Kommunikationsprozeß verändert haben und noch weiter verändern!

Warum unser Relais gelegentlich (auf beiden Seiten!) Kurzschlüsse erzeugt hat, ist eine **reiz**volle Frage, die ich den Gesprächen mitgeben möchte. Ich jedenfalls meine, daß unser Relais ganz gut funktioniert hat – die aufgetretenen Kurzschlüsse **beweisen** es eher, als daß sie es bestreiten!

4. Unsere Hoffnungen scheinen in vieler Hinsicht in ihr Gegenteil umgeschlagen zu sein. Meine Zwischenfragen sollten jedoch andeuten, daß dieser Umschlag zumindest dialektisch betrachtet werden muß, d.h. es gibt Gründe, die in der ökumenischen Sache selbst liegen, und es gibt Gründe, die in der Entwicklung der politischen und kirchlichen Großwetterlage liegen. Um das, so kurz es geht, zu illustrieren, möchte ich an vier „Sturmzonen" erinnern, in die der westdeutsche Ökumenismus in diesen zehn Jahren geraten ist. Keine Ent-schuldigung und schon gar keine Schuld-zuweisung ist beabsichtigt, sondern einfach eine Erinnerung an einige Stationen der Wüstenwanderung, die wir in Solidarität mit unserer Genfer Ökumene hinter uns gebracht haben:

* Unsere bürgerliche Gesellschaft und unser bürgerliches Kirchentum ist durch die **Rote Armee Fraktion (RAF)** in eine radikale Verunsicherung gestürzt worden, auf die beide mit einer Affirmation von Stärke und Gewalt geantwortet haben. „Nur ein starker Staat kann ein liberaler Staat sein" erklärte der Rat der EKD im Sommer 1977. Der mit Hilfe einer SPD-Regierung erfundene und durchgesetzte Radikalen-Erlaß wurde dann auch kirchliche Praxis. Unmittelbare ökumenische Konsequenz: Erwin Wilckens, Vizepräsident der EKD in Hannover, warf dem ÖRK öffentlich vor, „in der Gewaltfrage eher einen Gegenstand politischen Kalküls als eine Aufgabe theologischer Besinnung zu sehen." Unbesehen haben damals (wirklich nur damals?) unsere Kirchen den schwarzen Befreiungskampf im Südlichen Afrika in einen Topf geworfen mit dem Terrorismus der RAF und damit ökumenisch genau das praktiziert, was dann später vom Kairos-Dokument als Staats-Theologie identifiziert wurde.

* Das Entstehen einer autonomen Bewegung, ihre Vervielfältigung sowie das Umsichgreifen autonomer Praxis auf zahlreichen Feldern und bei zahlreichen Anlässen (vgl. das Basler Schluß-Happening!) hat Institutionen und Bürokratien tief verunsichert und hat die Polarisierung zwischen ihnen und allen möglichen kreativen Gruppen und Initiativen verschärft. In diesen Zusammenhang gehört auch das Entstehen und Erstarken der emanzipatorischen Frauenbewegung, des Feminismus und der feministischen Theologie. Auf beiden Seiten ist eine sich ständig erweiternde Grauzone des „Sympathisantentums" entstanden (eine der entsetzlichsten Sprachschöpfungen dieses Jahrzehnts!), die einerseits zum Verlust klarer Profile, andererseits zu einer Zunahme der Vor-verdächtigungen geführt hat. Bei Lichte besehen wissen beide Seiten oft nicht mehr genau, worum sie sich eigentlich streiten.

* Der Sinn für Solidarität ist in einem verheerenden Maße zerstört worden. Liberalistische Elite-Parolen, die Aushöhlung des Sozialstaats, eine bewußte Förderung der Gleichgültigkeit gegen Arbeitslose und Arme unter uns mit Hilfe „bereinigter" Statistiken – all das hat den Ökumenismus des Teilens weithin zu einer religiösen Formel der Almosen verkommen lassen. Das Fremde und der Fremde – **das** biblische und ökumenische Hermeneutikum! – wird nur noch von Außenseitern und Spinnern verteidigt, allenfalls gelegentlich noch von Leuten, die gerade einen Wahlkampf gewinnen müssen oder wollen .

* Die dramatische Zunahme der Schöpfungszerstörung, die offenen und verdeckten Versuche, die Nachrüstung der Nachrüstung

zu betreiben, martialische Schlachten vor den Bauzäunen der Atomindustrie, vor der Startbahn West, selbst die gewaltlosen Sitzblockaden und ihre richterlichen Ahndungen (regelmäßig ohne jede kirchliche Stellungnahme!) – all das hat das zurückliegende Jahrzehnt auf die Liebe zum Tod eingestimmt, auf die „Nekrophilie", nicht auf die Liebe zum Leben , die „Biophilie" (E. Fromm). So ist der Weg dieser Wüstenwanderung gesäumt von den Orten des Todes – an denen freilich viele von uns wieder und wieder die Botschaft des Lebens ausgerufen haben.

5. Die Mächte des Todes, schon in und vor Vancouver mit dem „Tier" aus dem Abgrund identifiziert, haben in diesem Jahrzehnt jedes Ja zum Leben verächtlich gemacht, ad absurdum zu führen gewußt und sogar im Namen der bürgerlichen Justiz verurteilt. Es bleibt darum eine schmerzliche Erinnerung, daß sich bei der Abstimmung über die Vancouver-Erklärung zu „Frieden und Gerechtigkeit" führende Delegierte der EKD der Stimme enthalten und das nie weder begründet noch zurückgenommen haben. Diese Bilanz unserer Wüstenwanderung erinnert fatal an Ernst Langes Bilanz aus dem Antirassismus-Streit: „Mehr und mehr verängstigt mich die antiökumenische Welle in Deutschland und anderswo auf der Welt. ... Ich habe annähernd tausend Briefe und Dokumente analysieren müssen, die im Zusammenhang mit dem Antirassismusstreit entstanden sind. Und was sich da antiökumenisch äußert, das äußert sich regelmäßig überhaupt gegen Veränderung, ... überhaupt gegen jede mögliche Zukunft ... Es gibt einen weltweiten Aufstand gegen Grundlagen unserer Zivilisation: die Frage. Wer fragt, schafft Unruhe. Und gegen die Frage hilft offenbar nur die Rezitation herkömmlicher Antworten: mehr Staat, mehr Nation, mehr Deutschtum, mehr preußische Werte, mehr Macht für die Experten, mehr Vertrauen in die universelle Weisheit der Unternehmer, überhaupt der gesellschaftlichen Eliten, mehr Gesetz, mehr Ordnung, mehr Leistung, mehr Polizei – und in dem Zusammenhang: mehr Kirche, mehr Bekenntnis. Das ist – nachweislich der Kontext des Anti-Ökumenismus." (Ernst Lange: Eingabe an einen westdeutschen Kirchenführer, in: ders.: Kirche für die Welt, München/Gelnhausen 1981, S.310f)

6. Wir haben also die ökumenische Krise nicht bewältigt, wir haben zu ihrer Vertiefung beigetragen. Nicht weil unsere Hoffnungen falsch waren, sondern weil wir ihnen treu zu bleiben versuchten. Von dieser Treue sollen wir uns auch nicht abbringen, uns von diesen

Hoffnungen nichts abmarkten lassen. Das bedeutet aber, daß wir unsere Herzen stärken müssen in der Einsicht, daß die ökumenische Utopie nur durch schmerzhafte Konflikte hindurch Gestalt annehmen kann, daß wir nicht an der Vermeidung, sondern an der Vertiefung der Krise zu arbeiten haben. „Krise" ist biblisch gesehen Gericht und Enthüllung der Wahrheit zugleich, und darum müssen wir die Krise unserer Hoffnungen in diesem doppelten Sinn verstehen: Wo haben wir falsche Hoffnungen genährt, die wir korrigieren müssen und auf welche Hoffnungen werden wir **heute** verwiesen? Das ist die **kritische** Frage, der wir uns stellen sollten, wenn es um **erinnerte Zukunft** geht.

7. Unvermeidlich ist am Ende dieses ersten kritischen Rückblicks auf die „erste Wende weg vom leeren Grab" die Frage: Was ist aus der entscheidenden Herausforderung geworden, die zur Gründung des PLÄDOYERS geführt hat: aus dem Programm zur Bekämpfung des Rassismus, aus unserer Entschlossenheit, zum Sturz des Apartheid-Systems in Südafrika beizutragen? Sie erschien uns damals als die entscheidende ökumenische Herausforderung der achtziger Jahre: und sie erschien uns nicht nur so, sie **war** es auch. Sie bildet für mich noch heute den eigentlichen Skopus des PLÄDOYERS, von dem wir uns nicht abbringen lassen dürfen durch die inzwischen aus vielen Gründen gewachsene Versuchung, schließlich doch – ganz im Sinne der Volkskirche – für alles (oder mindestens für alles Mögliche) da zu sein. Der weiße Rassismus des südafrikanischen Apartheids-Staates ist für uns auch heute noch der Brennpunkt, in dem sich alles versammelt, was für den Zusammenhang von Gerechtigkeit und Frieden zu tun und zu sagen ist.

„Mein Traum für Südafrika heißt ganz einfach: Gerechtigkeit!" – kein anderer als Allan Boesak hat uns diesen konkreten Zusammenhang in Vancouver eingeschärft – und das zu einer Zeit, in der wir im Norden nur das eine im Blick hatten: **Frieden** – „Frieden schaffen ohne Waffen!". Wenn irgendwas, dann sollten wir in und seit Vancouver diesen Zusammenhang von Gerechtigkeit und Frieden (und zwar in dieser Reihenfolge!) gelernt haben:

Also:

Kein Friede ohne Überwindung des Rassismus!

Kein Friede ohne Abschaffung des Apartheidsystems in Südafrika!

Ich wiederhole diesen Grund- und Kernsatz des Plädoyers in dieser Form auch noch nach zehn Jahren – nicht aus ideologischer Verbohrtheit, nicht aus politischer Dummheit und nicht aus ökonomischer Ignoranz.

Ich wiederhole unseren Grund- und Hauptsatz so, weil ich inzwischen lerne, daß Leiden sich offenbar nicht vermitteln läßt. Nur die Leidenden selbst wissen, was Leiden heißt, und nur sie selbst vermögen zu sagen, wie ihrem Leiden abgeholfen werden kann. Ihre Stimme allein kann für uns den Ausschlag geben im Hin und Her des kirchlichen, des politischen und ökonomischen Kalküls. Herausgefordert sind wir zur Sym-patheia, zum glaubwürdigen Teil-Nehmen am Leiden der Leidenden – was sie stärken, es ihnen aber nicht abnehmen kann.

Inzwischen hat sich allerdings etwas ereignet, was es notwendig macht, daß wir unseren Grund- und Hauptsatz gegen das südafrikanische Apartheid-System heute erneuern und verschärfen: Während es diesem System gelungen ist, ein Klima des Reformismus zu verbreiten, ist auf Frank Chikane ein Giftgas-Attentat verübt worden, und er ist nur durch eine unvorstellbare Kette von Wundern mit dem Leben davongekommen!

Begreifen wir jetzt, warum die vier südafrikanischen Kirchenführer Tutu, Boesak, Beyers-Naudé und Chikane schon vor diesem Attentat auf ihrem Weg zu US-Präsident Bush öffentlich erklärt haben: Wir wollen keine Reformen, wir wollen ein anderes System! Reformismus in Südafrika bedeutet: **noch** mehr Verschleierung, und was hinter diesem Schleier möglich ist, zeigt der Anschlag auf Frank Chikane.

Die Pressekonferenz in New York, auf der Frank Chikane selbst, seine behandelnden Ärzte und die UN die Fakten auf den Tisch legten, ist heute acht Tage alt. Ich habe bis heute kein Wort meiner Kirche dazu vernommen und kein westdeutsches Medium hat, abgesehen von einer dünnen epd-Meldung, von diesem unfaßlichen Vorgang Notiz genommen, geschweige denn, ihn kommentiert. Wenn das die Früchte des Reformismus sind, dann heißt das für uns: „Seid nüchtern und wachet!" (1Petr 5,8). Jedenfalls in dieser Grund- und Hauptsache muß das Plädoyer auch künftig wissen, was es zu tun hat: dran bleiben! Wir wollen und wir müssen heute die Beharrlichkeitserklärung der Evangelischen Frauenarbeit in Deutschland zum zehnten Jahrestag ihrer Boykottaktion gegen südafrikanische Früchte erinnern und erneuern, die 1987 so lautete:

„Ich kaufe keine Früchte aus Südafrika und ermuntere andere, es auch nicht zu tun. Ich habe kein Konto bei einer der Großbanken, die

Südafrika unterstützen, und überweise kein Geld auf solche Konten. Ich ermutige andere zu solchem Handeln!" –

und heute fügen wir hinzu: Wir werden keine Ruhe geben und alles tun, damit der südafrikanische Rassismus und seine **wahre** Praxis auf der öffentlichen Tagesordnung bleibt. Wir werden nicht warten, bis die Steine schreien!

III. Zögernder Ausblick – Vor der „zweiten Wende"

1. Mit dieser Erinnerung und Erneuerung unserer PCR[1]-Selbstverpflichtung stehen wir vor der „zweiten Wende", um die es heute hier in Stuttgart gehen soll. Vor der Wende hin zur Zukunft eines neuen, ökumenischen, der bewohnten Erde dienenden Lebens. Es ist und bleibt bezeichnend, daß es auch bei uns die **Frauen** waren, die mit ihrer Boykottaktion diese zweite Wende als erste und ganz allein vollzogen und gegen massive Widerstände der Männerwelt in Kirche und Gesellschaft durchgesetzt haben. Wir Männer – längst nicht alle! – sind ihnen dann darin gefolgt – zaghaft zuerst und in winzig kleinen Schritten (der Streit ging – wir erinnern uns – um ganze 60.000.- DM!) und wir kriegten es schon damals mit Bischöfen und anderen Gewalten zu tun. Auch hier ist ein Mehr an Polarisation unbestreitbar. Wir sind dann aber an dieser Sache und an diesem Thema geblieben, als wir 1981 ein Programm zur Bekämpfung des Rassismus für die BRD vorlegten und seine Umsetzung einleiteten. Wir haben in Solidarität mit der in Südafrika entstehenden „militant confessing church" 1981 ein erstes Dokument über „Lebendiges Christusbekenntnis heute" herausgebracht, bevor wir 1982 in der **Mainzer Ökumenischen Erklärung** die Bekämpfung des Rassismus in einen klaren Zusammenhang mit dem Kampf um soziale und ökonomische Gerechtigkeit gestellt und uns zu konkreten kirchlichen und politischen Schritten verpflichtet haben, die zur Verwirklichung dieses Zieles beitragen sollten. Und ich möchte dankbar betonen, daß es immer wieder Frauen waren, die uns in dieser Sache auf Kurs gehalten haben.

---

1 Programm zur Bekämpfung des Rassismus, 1969 vom Zentralausschuß des Ökumenischen Rates der Kirchen beschlossen.

2. Doch bereits die „Mainzer Ökumenische Erklärung" – wie das ganze Ereignis der Mainzer Ökumenischen Tage 1982 haben deutlich gemacht, daß sich der Kampf gegen den Rassismus und seine Beseitigung in Südafrika nicht isolieren lassen vom Kampf um Menschenrechte überhaupt, vom Kampf gegen sexistische Diskriminierung und vom Kampf gegen wirtschaftliche Ausbeutung. In Mainz haben wir versucht, das Thema von Vancouver: **Jesus Christus, das Leben der Welt** in seinen wichtigsten Aspekten für uns auszubuchstabieren und haben damals schon neben den Kampf gegen den Rassismus den Kampf gegen den Sexismus, den Kampf gegen den Militarismus, den Kampf gegen die Schöpfungszerstörung und den Kampf gegen den Ökonomismus gestellt.

Mittlerweile hat sich die Ökumene auf die summarischen Themen **Gerechtigkeit – Frieden – Bewahrung der Schöpfung** kapriziert: Diese seit vielen Jahren angelegte Entwicklung halte ich für positiv – aber wir sollten sie darin **kritisch** begleiten, daß jede derartige Summierung allzuleicht übersehen läßt, daß der Teufel im Detail sitzt und „Friede! Friede!" gerufen wird, wo doch gar kein Friede ist. Südafrika liefert dazu ebenso ein Beispiel wie „Basel", das deutlich machte, wie unterschiedlich, ja gegensätzlich Rom und Genf z.B. interpretieren und handhaben, was „Bewahrung der Schöpfung" meint! Im Ernstfall entzündet sich der Streit genau an diesen Details, vom „Frieden" und seiner „Bewahrung" ganz zu schweigen.

Mit den „Mainzer Ökumenischen Tagen" haben wir also versucht, so etwas wie „die zweite Wende" hin zu einem neuen ökumenischen Leben einzuleiten. Dieser umfassende Versuch hat uns in eine Fülle neuer Felder des Bekennens und Handelns hineingezogen bis hin zu unserer jüngsten Erklärung **Die Fesseln des Ökonomischen brechen – in Gerechtigkeit investieren** : – doch unversehens hat uns dieser multiple Ansatz in eine wachsende Unsicherheit darüber hineingeführt, wofür wir nun eigentlich ökumenisch plädieren sollen. Hier liegt unser gegenwärtiges Problem, für dessen Aufklärung meine eigene Erklärung gewiß nicht ausreicht. Aber – was vor zehn Jahren noch ganz klar als Punkt Eins auf unserer Tagesordnung stand, worauf sich unser Plädoyer gründete – der Kampf gegen den Rassismus und die babylonischen Mauern unserer Kirche, die ihm im Wege stehen – das ist überblendet worden von anderen Themen, die direkt oder indirekt damit zusammenhängen. Nicht **trotz**, sondern **wegen** all der Kämpfe, die wir inzwischen ausgefochten haben, nicht **trotz**, sondern **wegen** dem erfreulich veränderten Bild von Ökumene hierzulande, nicht **trotz**, sondern **wegen** der „neuen Tagesordnung", die den Kampf gegen den Ökonomismus an die erste Stelle gesetzt hat, sind wir aus den Sturmzonen der lauten Konflikte in eine Flaute des stummen Totschweigens geraten. Infolge unserer Konflikte hat sich Unsicherheit unter uns darüber verbreitet, was wir als PLÄDOYER FÜR EINE ÖKUMENISCHE ZUKUNFT im nächsten Jahrzehnt wollen und sollen.

3. Die Geschichte der Mirjam sagt uns, daß die zweite Wende die entscheidende ist, die Wende hin zum neuen Leben mit dem Auferstandenen. Sie ist aber auch die schwierigste, weil der neue Aufbruch voller Rätsel und voller Fragen ist. Unsicherheit, Unklarheit und Ratlosigkeit der ersten Stunde gehören dazu, und unsere Ostergeschichte ist voll von Hinweisen, z.B.: die zweite Wende Marias kehrt sich zunächst zum „Gärtner". Welch naheliegende, welch begreifliche Adresse – sind doch die Gärtner für die Bewachung der Gräber und für die Ordnung auf den Friedhöfen zuständig und verantwortlich. Mirjams Stimme nimmt ihm gegenüber einen fast drohenden Unterton an, sie ist durchaus bereit, sich mit diesem gärtnerischen Ordnungshüter anzulegen, der offenbar Leichname verlegen kann, wie er will. Gegen ihn behauptet sie ihr Recht auf **ihren** Leichnam – will ihn, wenn nötig, auf eigene Faust holen. Ist uns diese Situation nicht auch vertraut? Die Auseinandersetzung mit den „Gärtnern" ist nötig und wohl auch unvermeidlich. Freilich ist sie offenbar auf beiden Seiten nicht frei von Emotionen – es könnte ja so oder so Liebe ins Spiel kommen...! Dennoch sind Aggressionen und Emotionen in Konflikten allemal Indizien für Unsicherheit und Ratlosigkeit über den neuen Weg. Wir kennen das aus den Konflikten zwischen Mose und seinem Volk, wir hören davon bei den Konflikten unter den Jesus-Jüngern und seinen Konflikten mit ihnen, und sie sind uns ja auch vertraut aus den letzten Jahren und Wochen.

So ist die gegenwärtige Krise von weit verbreiteter Ratlosigkeit geprägt - was freilich keineswegs heißen kann: „Weiter so, Kirche!" oder gar: „Aussitzen, Herr Bischof!". Vielmehr fühle ich mich manchmal erinnert an jene berühmte Diskussion zwischen Ernst Bloch und Rudi Dutschke in Bad Boll, als Bloch die Studenten gegen diejenigen ihrer Kritiker in Schutz nahm, die ihnen vorwarfen, eine Revolte ohne klare und vernünftige Ziele angezettelt zu haben. Da sagte E. Bloch nicht ohne Humor in der Stimme: „Es gibt da ein meteorologisches Problem, das gelegentlich entsteht: nämlich den Nebel! Wenn sich aber eine Gesellschaft darin befindet, kann man es den Jungen doch nicht verübeln, auch darin herumzustochern!"

4. Die Erkenntnis und das Verständnis von Ostern und sein Vollzug in jener zweiten Wende hinein in das neue Leben beginnt immer wieder mit diesem Moment der Überraschung und der Ratlosigkeit, mit dem „meteorologischen Problem des Nebels." Denn es beginnt mit dem Anruf einer vertrauten und doch fremden, fremden und doch vertrauten Stimme, die vom Jenseits des bekannten und durchschaubaren Status quo kommt, die uns alle in ein unbekanntes und undurchschaubares Neuland ruft.

Wie hat Mirjam auf den Schock, auf die Krise der Ratlosigkeit reagiert?

1. Sie hat die Stimme des Auferstandenen **identifiziert und ihr geantwortet.**

2. Sie hat den **Auftrag akzeptiert**, ohne ein Programm zu machen.

3. Sie hat **Ostern unter die Füße genommen** und die erste Osterpredigt gehalten: „Ich habe den rabbuni gesehen und das hat er mir gesagt!"

IV. Österlicher Aufbruch

Die zweite Wende beginnt nicht mit einem Programm, sondern mit einem Aufbruch: „Maria geht!" – sie läuft los und verkündigt! Sie verkündigt: „Es ist Ostern! Wir **können** laufen, wir **können** leben, wir **können** lieben, wir **können** kämpfen – denn: es ist Ostern!" Sie nimmt sich keine Zeit für eine „Strategie" gegen die Mauern, hinter denen die Männer-Jünger immer noch hocken, „aus Furcht vor den Juden". Sie kommt irgendwie dahinter und bringt ihre Botschaft „an den Mann".

In diesem Teil der Erzählung sind mir für diese Situation drei Dinge wichtig:

1. **Ostern unter die Füße nehmen!** Als einer, der selber körperlich nicht mehr laufen kann, fasziniert es mich doppelt, zu beobachten, wie die neue Kirche auch bei uns **ins Laufen** kommt! Sie verläßt die gemauerten und vermauerten Häuser, sie geht ins Freie, sie zieht über die Straßen, sie sammelt sich vor Raketen-, Bau- und anderen -zäunen, sie predigt dort, sie singt, betet und macht Musik! **So** ist die Jesus-Bewegung organisiert, so hat auch er selber es gemacht, und auf diese Weise werden jene Mauern von alleine obsolet, bedeutungs- und sinnlos, die oft so bedrohlich und beklemmend auf uns wirken. Das ist

die Art von Musik, mit der die Mauern von Jericho auch heute noch fallen. Ich denke nur an Wackersdorf. Nichts gegen das „Neckarstadion unter dem Wort“ und schon gar nichts gegen den Kirchentag – aber nicht auf die Massen kommt es an, sondern auf diese **Bewegung**: loslaufen, hingehen, wenn nötig, drum rum laufen um die Mauern und die Botschaft ausrufen, die gute Nachricht anbringen, die nur aus drei Worten besteht:**Ich fahre auf!** Der arme Bruder Jesus, der Mariensohn, der Gott der kleinen Leute – er hat jetzt das Sagen. Der Verwundete, der zu Tode Geschundene, der Verwundbare: Er ist unser Hoffnungsträger, unser Machtzentrum, das ist die Perspektive unseres weiteren Weges. Das heißt: **„Ostern unter die Füße nehmen“** – **das** haben wir weiter zu sagen, weiter zu tragen und weiter zu tun. So und damit sollen wir in Bewegung bleiben, **so** uns in Bewegung setzen. Wie viel wird da freilich noch gestolpert, wie schwer wird da noch oft gekeucht und nach Atem gerungen (wenn man nämlich wenig davon hat) – ein Triumphzug ist das nicht, das kennen wir aus diesen zehn Jahren wohl. Aber das andere kennen wir auch, Gott sei Dank, was Dorothee Sölle einmal „den jungen Genossen“ ins Stammbuch geschrieben hat: „ein Freund / und ein Freund / und ein Freund / und ein Freund / sage nicht das sind vier / es sind viel mehr ...!“, und dann kriegen die Mauern noch mehr Risse, manche fallen sogar.

2. **Ein Auftrag ohne Programm!**

Diesen Hinweis finde ich persönlich am schwierigsten, denn in den vierzig Jahren meiner kirchlichen und ökumenischen Arbeit habe ich viel Zeit und Phantasie in Programme investiert, an vielen Programmen mitgearbeitet, viele Programme verfolgt und verteidigt. Das „Programm zur Bekämpfung des Rassismus“ ist eines davon, eines der wichtigsten. Mangelnde Planung, mangelnde Zielbeschreibung, mangelnde Strategie und Programmatik waren mir von jeher ein Greuel. Und doch muß ich gegenwärtig lernen und stehe auch dazu, einen Auftrag zu haben, für den es für mich noch kein Programm und keine Strategie gibt. Ich kenne nicht einmal die nächsten Schritte. Unser gegenwärtiger ökumenischer Transit-Zustand verbietet uns eindeutige Parolen. Worauf wir festgelegt sind und bleiben, ist das alt-israelitische **„Schema Jisrael!“** – „Höre, Israel!“ Welches Programm und welche Schritte sich daraus ergeben, stellt hohe Anforderungen an unsere **Hörbereitschaft** und an unsere **Sehfähigkeit**. Das Zusammenspiel von Erinnerung und Ahnung, in dem sich die Wirklichkeit unseres Lebens und unserer Welt entfaltet und wovon am Schluß noch einmal die Rede sein wird, ist dafür die entscheidende Voraussetzung.

Also. Auftrag ohne Programm ... Wie heißt der Auftrag? „Steh auf und geh!", der Auftrag heißt: „Fürchte Dich nicht, langsam zu gehen, fürchte Dich nur, stehen zu bleiben!" Der Auftrag lautet also auf eine **Such-bewegung**, und dieser Suchbewegung hat Mirjam einen eindeutigen Namen gegeben: „Rabbuni!" Dieser Name ist für die Ziele gut, die wir suchen und verfolgen sollen – auch und gerade, weil es ein jüdischer Name ist! So werden wir in unsere eigentliche Tradition eingewiesen, so werden wir unserer wahren Wurzeln ansichtig, an sie erinnert. Unsere Suchbewegung soll auf jeden Fall unter diesem jüdischen Namen laufen. – „rabbuni" – und vielleicht ist es für unsere gegenwärtige Suchbewegung wichtiger, daß wir wieder Klarheit über unsere wahren Wurzeln gewinnen, als daß wir Gewißheit über unsere Ziele besitzen. „Nicht Du trägst die Wurzel, sondern die Wurzel trägt Dich!"

3. Die Stimme vom Jenseits des Status quo.

Drei verschiedenartige Stimmen haben die Mirjam erreicht: zuerst die Stimme der Engel, dann die Stimme des „Gärtners" und zuletzt **seine** Stimme, die Stimme des rabbuni. Welch seltsames, welch beängstigendes und aufregendes Stimmengewirr! Noch einmal geht es um Aufklärung, noch einmal geht es um die Notwendigkeit, **die** Stimme, **seine** Stimme herauszufinden, ihre Botschaft zu entziffern. Welches ist seine Stimme? – „Maria!" – Nicht: Weib, was weinst Du? Nicht: Weib, wen suchst Du? „Maria!" sagt die Stimme, und: „Rabbuni" heißt ihre Antwort. Die Stimme, die den Ausschlag gibt, das Wort, das Ant-wort verlangt, der Anruf, der als Aufruf begriffen wird. Die Stimme ist also nicht bloß ein vertrauter Laut, sie redet nicht nur die vertraute Sprache – denn auch eine gemeinsame Sprache kann bekanntlich Gegensätzliches bedeuten und hervorrufen! Der Freund redet zur Freundin, der Meister ruft die Jüngerin, Jesus sagt: Maria! Der Auferstandene hält fest an ihr als die Person, die sie ist, als der Mensch, der mit ihm lief, und er will, daß sie weiter mit ihm laufe. Ostern zerbricht nicht einfach jede Kontinuität, Ostern führt sie weiter, die Liebe, die Freundschaft, die Jüngerschaft, das Engagement. Es besteht eine Kontinuität zwischen dem leeren Grab der zerbrochenen Hoffnungen und dem Aufbruch ins neue Leben, zwischen der ersten Wende und der zweiten, und die Stimme ist es, die diese Kontinuität herstellt.

Diese Stimme kommt freilich vom Jenseits des Status quo – sie kommt noch nicht vom Himmel, wie das pfingstliche Brausen des Geistes, sie kommt aber auch nicht mehr von der Erde, denn die Warnung lautet ja: „Rühre mich nicht an!" Es ist eine Stimme, die gewissermaßen selbst noch auf der Suche ist nach ihrem endgültigen Ort, eine Stimme, die selbst noch unterwegs ist. Sie ist also nicht einfach festzumachen an eine bestimmte Person oder Institution, auf einen – womöglich „heiligen" Ort zu fixieren, auf ein Ereignis festzulegen – in Assisi oder in Stuttgart, in Basel oder Berlin und Seoul. Es ist eine Stimme von unterwegs. Eine Stimme, die die schönen Engel und den mächtigen Gärtner weit hinter sich gelassen hat (vor denen allen ist Mirjam ja überhaupt nicht erschrocken, mit denen allen hat sie sich ja auseinanderzusetzen gewußt). Doch jetzt – jetzt kommt der Schock, der Schock und die Freude, sodaß es ihr die Sprache verschlägt, sie zurückfindet in die gemeinsame, die vertraute Sprache: rabbuni! Seine Stimme kommt vom Jenseits des theologischen, vom Jenseits des kirchlichen, vom Jenseits des ökumenischen Status quo. Was wir heute nötig haben, ist das messianische Wunder, daß wir Tauben hören lernen, daß wir die Stimme verstehen lernen, die vom Jenseits des Status quo unser Ohr erreichen will. Die sachliche Klarheit über unseren Auftrag hängt daran, daß wir lernen, über diesen Status quo hinauszuhorchen und dort, jenseits des leeren Grabes, jenseits der Engel und der Gärtner seine Stimme zu identifizieren, die uns bei unserem Namen ruft – „Maria!" Ist doch in jedem Namen eine ganze Geschichte beschlossen, und jeder Name, wenn er aufgerufen wird, ist zu einer neuen Geschichte berufen. Indem er „Maria!" sagte, hat der Auferstandene eine gemeinsame Geschichte mit ihr aufgerufen und zugleich eine neue Geschichte mit ihr inszeniert.

Liebe Freundinnen und Freunde –

Wir haben auch einen Namen – Plädoyer für eine ökumenische Zukunft. Mit diesem Namen wird heute eine ganze Geschichte aufgerufen, und es soll nun eine neue Geschichte inszeniert werden. Wir kennen diese neue Geschichte noch nicht. Wir wissen nur, was „seine" österliche Stimme andeutet – daß sie sich nämlich jenseits des Status quo abspielen wird – jenseits eines **jeglichen** Status quo wohlgemerkt! Jenseits des Status quo der Institution wie auch jenseits des Status quo von uns Gruppen und Bewegungen. Jenseits des Status quo der Gärtner und jenseits des Status quo der Mirjams am Grabe. Die Stimme kommt vom Jenseits und ruft uns ins Jenseits – nicht ins Jenseits der Erde, nicht ins Jenseits der Wirklichkeit, sondern ins Jenseits des Bekannten und Vertrauten und sowieso Einverstandenen.

Sondern ins Jenseits einer neuen Ökumene – eines „Volkes aus aller Welt Zungen!" – : der Ökumene des Reiches Gottes. Nicht wir schaffen es, aber es erschafft uns. Wir sind Geschöpfe dieses Reiches, dazu geschaffen, seine Herrlichkeit zu erwarten, darzustellen und zu loben.

Das ist mit der revolutionären Geduld gemeint, damit, daß wir dieser Revolution, diesem Umsturz zuarbeiten, den die andere Maria in Lk 1 besingt. Und wenn alles gut geht, werden wir dabei Verbündete derer, die schon lange vor uns und dann wohl auch mit uns hungern und dürsten nach Gerechtigkeit – die, die wir z.B. in Vancouver haben schmählich in der Ecke stehen lassen, obwohl wir sie zum Sprechen eingeladen hatten: die Juden und die Moslems, die Buddhisten und die Marxisten und last not least jene Tänzerin, die über eine Stunde lang hinter dem Vorhang zu sitzen und dann nur noch wenige Minuten zur Verfügung hatte, um ihren Tanz zu tanzen, um den wir sie gebeten hatten. Jenseits unseres Status quo aber wartet jedenfalls kein Minenfeld des Untergangs, sondern ein Ährenfeld der Hoffnung, und in diese Art von „Ernte" ruft uns die Stimme des Auferstandenen.

V. Chanukka – das Fest der Lichter

Ich schließe mit einer Erinnerung an das jüdische Lichterfest, die Chanukka. Vom Chanukka-Fest wird nachfolgende Geschichte erzählt, die ich dem Vorwort zu „Jüdische Märchen" (Artia – Praha 1985) verdanke:

„Alle jüdischen Feste sind schön. Aber eines ist den Kindern am liebsten. ***Chanukka****, das Lichterfest.*

Nach dem Sieg von Judas Makkabäus über den Seleukidenkönig Antiochus (164 v.C.), der ihr Heiligtum, den Tempel entweiht hatte, betraten die Helden den verwüsteten Tempel, säuberten ihn und entfernten die Götzenbilder und bereiteten alles zu seiner Wiedereinweihung vor. Alles war bereit, nur der siebenarmige Leuchter, die Menora, mußte angezündet werden. Dazu aber benötigte man ein besonderes Olivenöl, doch nur ein kleines Kännchen war noch vorhanden. Das war zu wenig, denn die Menora darf nicht erlöschen und das Öl reichte höchstens einen einzigen Tag. Gleichwohl entzündeten die Makkabäer den Leuchter und dankten Gott für seine Hilfe. Da ließ er ein Wunder geschehen: die von einem einzigen Kännchen Öl gespeisten Lichter brannten nicht nur am ersten Tag, sie brannten auch am zweiten und am dritten – sie brannten volle acht Tage, bis die Priester neues Öl angefertigt hatten ..."

Die Menora, der jüdische Tempel-Leuchter, kann uns als Symbol dienen für die Lichter, die wir nötig haben auf dem langen Weg in die neue ökumenische Zukunft. Hinter ihnen leuchten Lernerfahrungen der letzten zehn Jahre, die unsere neue ökumenische Zukunft erhellen sollen.

Am Befremdlichsten unter ihnen mag die Erwähnung des „Fliehens" sein – weshalb ich dazu zwei Sätze vorausschicke: „Fliehen" bedeutet heute: sich verweigern, autonom werden, aussteigen. Das kann gelten gegenüber gewissen Banken, gegenüber angeblichen politischen oder ökonomischen Sachzwängen, gegenüber einer winterlich werdenden Kirche ...

Die Menora

Sieben Lichter auf dem langen Weg ...

sieben Lernerfahrungen –

mitzunehmen –

zu pflegen –

zu „kultivieren".

Sein Wort als „Leuchte für unseren Fuß und als Licht auf unserem Weg" (Ps 119) in eine unklare und noch unsichere Ökumenische Zukunft legt diese sieben Lichter nahe

– die ich von links unten (1) über die Höhe der Mitte (4) nach rechts unten (7) entzünden möchte!

Erstes Licht: Die Kultur der **Erinnerung**

„solches tut zu meinem Gedächtnis!" (1Kor 11)

Zweites Licht: Die Kultur des **Widerstandes**

„sorget nicht vorher, wie ihr euch verantworten sollt" (Lk 21,5ff)

Drittes Licht: Die Kultur der **Weisheit**

„Siehe, ich sende euch wie Schafe mitten unter die Wölfe. Darum seid klug wie die Schlangen und ohne Falsch wie die Tauben" (Mt 10).

Viertes Licht: Die Kultur des **Dialogs**

„Und Gott schuf sie als Mann und Frau" (1Mose 1,27).

Fünftes Licht: Die Kultur des **Streits**

„Und sie lauerten darauf, ob er auch am Sabbat ihn heilen würde, damit sie ihn verklagen könnten. Und er sprach zu ihnen: Der Sabbat ist um des Menschen willen gemacht und nicht der Mensch um des Sabbats willen" (Mk 2/3).

Sechstes Licht: Die Kultur des **Fliehens**

„Wenn ihr nun sehen werdet das Greuelbild der Verwüstung – alsdann fliehe auf die Berge, wer in Judäa ist" (Mt 24).

Siebtes Licht: Die Kultur der **Ahnung**

„... denn meine Augen haben Deinen Heiland gesehen, den Du bereitet hast vor allen Völkern, ein Licht, zu erleuchten die Heiden, und zum Preis Deines Volkes Israel" (Lk 2,25ff).

Mit einer Ostergeschichte habe ich begonnen, mit einer Ahnungsgeschichte will ich schließen:

Und siehe, ein Mensch war zu Jerusalem, mit Namen Simeon; und derselbe Mensch war fromm und gottesfürchtig und wartete auf den Trost Israels, und der heilige Geist war mit ihm. Und ihm war eine Antwort geworden von dem heiligen Geist, er solle den Tod nicht sehen, er habe denn zuvor den Christus des Herrn gesehen. Und er kam aus Anregen des Geistes in den Tempel. Und da die Eltern das Kind Jesus in den Tempel brachten, daß sie für ihn täten, wie man pflegt nach dem Gesetz, da nahm er ihn auf seine Arme und lobte Gott und sprach: Herr, nun lässest du deinen Diener in Frieden fahren, wie du gesagt hast; denn meine Augen haben deinen Heiland gesehen, welchen du bereitet hast vor allen Völkern, ein Licht zu erleuchten die Heiden, und zum Preis deines Volkes Israel. Und sein Vater und seine Mutter wunderten sich des, das von ihm geredet ward. Und Simeon segnete sie und sprach zu Maria, seiner Mutter: Siehe, dieser wird gesetzt zum Fall und Aufstehen vieler in Israel und zu einem Zeichen, dem widersprochen wird – und auch durch deine Seele wird ein Schwert dringen –, auf daß vieler Herzen Gedanken offenbar werden.

Und es war eine Prophetin, Hanna, eine Tochter Phanuels, vom Geschlecht Asser: die war hochbetagt und hatte gelebt sieben Jahre mit ihrem Manne nach ihrer Jungfrauschaft und war nun eine Witwe bei vierundachtzig Jahren; die kam nimmer vom Tempel, diente Gott mit Fasten und Beten Tag und Nacht. Die trat auch hinzu zu derselben Stunde und pries Gott und redete von ihm zu allen, die auf die Erlösung Jerusalems warteten. (Lk 2,25-38)

Als unmittelbare Nachwirkung des Referates verabschiedete die Versammlung folgende Grußbotschaft an Frank Chikane (deutsche Fassung):

Lieber Frank Chikane,

auf unserer Jubiläumstagung zum zehnjährigen Bestehen unserer Gruppe haben wir heute mit Bestürzung, Abscheu und Entsetzen die Nachricht von dem hinterhältigen Anschlag auf Dein Leben vernommen, der mit giftiger chemischer Waffe in den letzten Wochen auf Dich verübt wurde. Mit Scham entdecken wir gleichzeitig, daß sowohl in der Kirche wie in der Öffentlichkeit unseres Landes der schreckliche Vorfall kaum zur Kenntnis genommen und noch weniger verstanden wird, was solche kriminellen Aktionen signalisieren: Unter dem Deckmantel angeblicher Reformpolitik soll mit allen Mitteln der entschiedene Kampf für Gerechtigkeit und Befreiung in Südafrika ausgelöscht werden.

Im PLÄDOYER FÜR EINE ÖKUMENISCHE ZUKUNFT arbeiten seit nunmehr zehn Jahren Menschen und Gruppen zusammen, die die Komplizenschaft unseres Landes mit dem Apartheid-System anklagen und zu überwinden suchen. Die Erfahrungen, die Du in den zurückliegenden Wochen machen mußtest, verpflichten uns erneut zu aktivem Engagement in dem Streit und bestätigen unsere Überzeugung, daß Apartheid nicht reformiert werden kann, sondern radikal abgeschafft werden muß.

Im Geiste Jesu Christi grüßen wir Dich und versichern Dir unsere Solidarität.

Wir werden unser Schreiben an Dich bei unseren Kirchen und in der Öffentlichkeit bekannt machen.

Im Namen der über hundert Konferenzteilnehmer,

Dr. Karl-Heinz Dejung
Doris Peschke
D. Martin Stöhr

DAS GENERATIONENGESPRÄCH –

Ein Dialog über Geschichte, gegenwärtige Vielfalt und Zukunft des Plädoyers

Die Gestalt des Plädoyers als ein freier und je aktuell sich erweisender Zusammenschluß von Engagierten wäre verfehlt, würden wir annehmen, es ließe sich eine Zwischenbilanz der Plädoyer-Arbeit „nach zehn Jahren" von **einer** Person und in **einem** Referat ziehen. Der kritischen Selbstreflexion, was das Plädoyer bisher ausgemacht hat und wo sein Weg hingehen soll, haben wir deshalb auf der Grundlage der einführenden Denkanstöße von Werner Simpfendörfer den Charakter eines offenen „Intergenerationengespräches" gegeben. Wir haben uns dabei von folgenden Thesen leiten lassen:

1. *Das Plädoyer als Angelegenheit nur einer Generation?*

In der Differenzierung verschiedener „ökumenischer Generationen" liegt ein wichtiger Schlüssel zum Verständnis der Geschichte des Plädoyers, seiner Grenzen und seiner Perspektiven. Müssen wir den Aufbruch im „Plädoyer" 1979 als die Angelegenheit ***einer*** *Generation betrachten, einer altersmäßig und sozial relativ homogenen Gruppe, die von und mit Ernst Lange dieselbe ökumenische Sprache gelernt hatte, die gleiche ökumenische Vision und das gleiche Engagement teilte und in ökumenisch-ausgerichteten Funktionspfarrämtern, kirchlichen Dienststellen und Bildungseinrichtungen angesiedelt war?*

Eine solche Homogenität lag nicht im Anspruch des Plädoyers, das ein „Netzwerk" für die verschiedenen ökumenischen Generationen und Kulturen sein wollte und will, hat aber Stil und Ausdrucksformen des Plädoyers weithin bestimmt. Wenn dieser Gedankengang Wahrheit enthält, dann ist er ein dringlicher Anlaß zu kritischem Eingedenken, denn dann könnte sich dem Plädoyer eine Zukunft verschließen. „Die Utopie entläßt ihre Kinder" hat Werner Simpfendörfer einmal eine kritische Reflexion über den Umbruchprozeß im Ökumenischen Rat seit Vancouver 1983 überschrieben. Hat das Plädoyer seine Zeit gehabt? Und hat verloren?

2. *Die verschiedenen „ökumenischen Generationen"*

Anders gestaltet sich die Frage nach der Zukunft des PLÄDOYERS, *wenn wir unseren Blick darauf richten, daß die „ökumenische Utopie" ihre motivierende und mobilisierende Kraft eigentlich nie verloren hat, allerdings zu unterschiedlichen Zeiten sehr unterschiedlich wirksam wurde. Aus der differenzierenden Erinnerung, wer zu welcher Zeit mit welchen Perspektiven sich von der „ökumenischen Utopie" hat ansprechen lassen, erhoffen wir uns Kriterien für die Frage nach den ökumenischen Perspektiven in den 90er Jahren.*

Natürlich stellt jeder Versuch einer Klassifizierung eine Vergröberung dar und wird manche subjektive Zuordnung zu den fünf „ökumenischen Generationen", verstehen wir sie jahrgangsmäßg (1.: Jahrgang 1925 und älter; 2.: Jahrgänge 1937-25; 3.: 1950-38; 4.: 1960-51; 5: 1961 und jünger) nicht zutreffen. Trotzdem versuchen wir, orientiert an der „objektiven" Ökumene-Geschichte, eine Beschreibung der fünf Generationen und hoffen, daß sie etwas für die Erhellung der im PLÄDOYER *zusammenkommenden unterschiedlichen* ***grundlegenden*** *Ökumene-Erfahrungen austrägt (und sei es in der Abgrenzung zu der zugeschriebenen Generationsbeschreibung):*

1) *die Generation der* ***Bekennenden Kirche*** *und des Stuttgarter Schuldbekenntnisses von 1945, die „Ökumene" als Ort des Exils, als Widerstandsort und als Ort der Vergebung erfahren hat;*
2) *Die Generation der* ***„Kirchenreform"****, die angesichts der bundesdeutschen Restauration „Ökumene" als Aufsprengung der Weltfremdheit der parochialen Grundstruktur der Kirche und des Ost-West-Konfliktes als alleinigem Verstehenshorizont (II. Vaticanum und Ostdenkschrift der EKD als Kristallisationspunkte) erfahren hat;*
3) *die Generation des* ***(entwicklungs-)politischen Erwachens****, die in der ökumenischen Utopie der „Einen Welt" die Grundlage der Solidarität in den weltweiten Befreiungskämpfen gefunden hat (Genf 1966 – Uppsala 1968);*
4) *die Generation des* ***ökologischen Erwachens*** *(Club of Rome), die aus der Erkenntnis der Begrenztheit der Ressourcen und des militärischen und zivilen Zerstörungspotentials in unseren Gesellschaften dem entwicklungspolitischen „Wachstumsmodell" den Abschied gegeben hat (Nairobi 1975 – Bostoner Konferenz „Glaube, Wissenschaft und Zukunft" 1979);*
5) *die Generation der* ***ökumenischen Netze****, die an der Vernetzung/dem Bundesschluß der „befreiten Gebiete" arbeitet und in*

ökumenischen Strukturen den Widerstand gegen imperiale Einigungszwänge lernt, zugleich aber in der Gefahr steht, das (kirchliche) Innenleben zu wichtig zu nehmen.

Diese fünf verschiedenen Generationen wollten wir miteinander ins Gespräch bringen in „intergenerativen" Gesprächsgruppen, die sich jeweils aus VertreterInnen jeder Generation zusammensetzen sollten und in denen die PLÄDOYER-Geschichte unter diesen verschiedenen generationsspezifischen Gesichtspunkten aufgearbeitet werden konnte. Acht solcher Gesprächsgruppen haben stattgefunden. Wir beschränken uns für die Dokumentation aber auf wenige – exemplarische – Gruppenberichte.

Wer sich im PLÄDOYER zusammenfindet, darüber gibt der Bericht **Alexander v. Oettingens** (Bericht I), kennzeichnend für eigentlich alle Gesprächsgruppen, gut Aufschluß. Die Berichte zeigen darüberhinaus, wie intensiv sich die Denkanstöße aus dem Eingangsreferat von Werner Simpfendörfer mit den eigenen biographischen Annäherungen an die PLÄDOYER-Bilanzierung im Gespräch verbanden.

Aus den aktuellen Handlungskontexten waren es vor allem zwei Erfahrungszusammenhänge, die zu kontroversen Diskussionen führten: der konziliare Prozeß und der gerade zurückliegende Berliner Kirchentag. Vor allem letzterer führte mitten in den Generationenstreit hinein. Die Diskussion zeigte: Die Beurteilung des „großen" Kirchentagsvorfalls, daß eine zur Diskussion mit der und über die Internationale Gesellschaft für Menschenrechte (IGfM) angesetzte Forumsveranstaltung gesprengt wurde, hängt an der generationsspezifischen Nähe bzw. Distanz zu Politikformen, die den Abbruch der Gesprächskultur als politisches Mittel einsetzen. Die „Kultur des Dialogs" kann kein Absolutum sein, soll nicht die „Kultur des Streits" (Werner Simpfendörfers fünftes und sechstes „Licht") verspielt werden. Daß der Abbruch der Gesprächskultur, wenn deren Basis nicht (mehr) stimmt, eine notwendige und sinnvolle Politikform sein kann und nicht das Ende jeder Verständigungsmöglichkeit darstellt, zu dieser Einsicht bedarf es offensichtlich der Politikerfahrungen der „Jungen" und ihres Kontextes, während die Älteren eher der allgemeinen Aufregung in der kirchlichen Szene über diese „Verletzung" der Kirchentagsspielregeln zuneigen.

Der Ansatz der acht Gesprächsgruppen, aus der biographischen Schilderung des eigenen ökumenischen Aufbruchs zu einer Verständigung über Aufgaben und Perspektiven des PLÄDOYERS zu kommen, wurde noch einmal aufgenommen im Podiumsgespräch zum

Thema „Erinnerte Zukunft". Unter der Gesprächsleitung von **Waltraud Müller-Hartmann** und **Martin Stöhr** diskutierten auf dem Podium als VertreterInnen von vier der fünf Generationen **Karl Herbert, Bärbel von Wartenberg-Potter, Margot Käßmann** und **Tilman Polster**; die fünfte Generation, die der Kirchenreform, war im „Rahmen" der Versammlung, in Werner Simpfendörfers Eingangsreferat und Philip Potters Schlußwort schon genügend vertreten. Am ausführlich dokumentierten biographischen Einstieg der DiskutantInnen werden noch einmal die unterschiedlichen Facetten des PLÄDOYERS und seine Diskussionsspannbreite deutlich; der weitere Verlauf der Perspektivdiskussion ist summarisch zusammengefaßt.

Daß die Generationenfolge im PLÄDOYER nicht vor dem Abbruch steht, obwohl die Tagungszusammensetzungen der letzten Zeit dies manchmal befürchten lassen, das ist in erfreulicher Weise an der Wortmeldung aus der „EnkelInnengeneration" abzulesen; **Kerstin Ulrichs** Beitrag beschließt diesen Dokumentationsteil zum Generationengespräch.

Gruppenbericht I

(Alexander v. Oettingen)

Wo wir herkommen

Der „Zugang zur Ökumene" ist vielgestaltig. Das Mittun in der Evangelischen Frauenarbeit, der beruflich-kirchliche Kontakt (Entwicklungsarbeit, Mission, Reisen, Tätigkeit in ökumenischen Zusammenschlüssen), die fortdauernde Beschäftigung mit Anpassung und Widerstand im Dritten Reich, das Engagement gegen Feindbilder („Kalter Krieg") und für Frieden und Versöhnung, das Engagement in Netzwerken an konkreten Projekten (Südafrika; kritische Aktionäre; Friedensarbeit; Ökologiefragen), das Aufnehmen der Fragen des Sexismus und feministischer Theologie, die Beziehung der politischen Perspektive eines humanen Sozialismus zur biblischen Reich-Gottes-Hoffnung – das sind Stichworte für Erfahrungen, Motive, Hoffnungen, die wir in uns haben und die wir miteinander geteilt haben in einer ersten Vorstellungsrunde. „Die" Ökumene, so mein Eindruck, besteht in etwas, was die, die mit Empfindsamkeit Christen sein wollen, suchen, im eigenen Leben erproben; der ideelle Partner war und ist Genf, die ökumenische Bewegung, wobei eine Verschiebung zu registrieren ist: Zunehmend wird bewußt, daß die vorwärtstreibenden Motive nicht nur „von außen" erwartet werden dürfen, sondern eben auch „von innen" her entwickelt werden müssen.

Unsere Lage: ein Anlaß zur Resignation?

Hoffnung liegt dicht bei Niedergeschlagenheit. Das ist eine der Determinanten im Gespräch. „Wir trösten uns immer wieder mit dem Satz ‚Gott gibt noch Zeit'; aber es wird immer schlimmer; ich sehe nicht, wie wir da herauskommen aus unserem Wirtschaftssystem. Werner Simpfendörfer hat Recht: wir wissen nicht, wohin das geht – das ist das einzige, was wir sagen können." Aber nun kommt das Gegengewicht: „Vielleicht spielt bei Werner Simpfendörfer auch ein Stück Frustration eine Rolle; vielleicht hat er zuviel erwartet. Man muß eben sehen, woher wir kommen. Ich selbst war Hitlerjunge, Kriegsfreiwilliger, die pietistische Herkunft war kein Hinderungsgrund, am Krieg teilzunehmen. Ich wundere mich, wieviel (trotzdem) in Bewegung gekommen ist. Ich nehme nur ein Beispiel: Am Anfang lag die Zahl der Kriegsdienstverweigerer bei 2.500 im Jahr, jetzt sind es 100.000 im Jahr. Dies ist ein Beispiel für einen Aufbruch aus einer jahrhundertelangen Tradition. Ein weiteres wäre, wenn ich mir klarmache, wie Marianne Goerdeler beschreibt, wie stark die ‚Schmach von Versailles' erlebt wurde auch von ihrem Vater, der dann (trotzdem) in den Widerstand ging. Also gibt es doch bereits beträchtliche Risse in der Mauer, die Werner Simpfendörfer genannt hat. Auch beurteilt er die Programmarbeit für Gerechtigkeit, Frieden und Bewahrung der Schöpfung kritischer, als sie es verdient." Eine Einschränkung wird gemacht: „Die Entwicklung der Kriegsdienstverweigerung ist sicherlich ein Aufbruch, aber er hat nicht unbedingt etwas mit christlichem Selbstverständnis zu tun; vielleicht sind es human-christliche Motive. Jedenfalls besteht doch unter Christen die Trennung von Alltag und Sonntag, von Glaube und Politik weiter fort."

Unsere Aufbrüche

Allmählich schält sich heraus, daß wir über Aufbruch/Aufbrüche reden. „Aufbruch ohne Programm, geht das? Zum einen ist mir das nahe, weil ich eine Frau bin, die etwas tut ohne Programm. Zum anderen braucht man aber doch vor dem Handeln ein Programm, weil sonst die Orientierung fehlt. Ich bin zerrissen." – „Ich habe viele Jahre darunter gelitten, daß ich z.B. im Studium ständig ‚Hirnturnen' machen mußte. Immer neue Papiere – ich sehe da nichts Neues drin, ich mag mir das nicht mehr antun. Es ist wie in Paarbeziehungen: Laßt uns doch etwas leben! Aber Männer brauchen wohl ein Programm." – „Abraham und Sarah, als sie aufbrachen, hatten zwar kein Konzept, als sie aufbrachen, aber sie wußten doch die Richtung, in die es geht." – „Im ‚Aufbruch' artikuliert sich ja doch etwas; z.B. ein Kampf gegen mehr Waffen. Es steckt darin ja doch dann auch ein Stück ökumenischer Geschichte!"

Schrittweise werden erlebte Aufbrüche erinnert und benannt, und schrittweise wird der Zusammenhang zwischen Aufbruch, Programm(losigkeit) und (inhaltlicher) Richtung neu rekonstruiert.

„Die Jahre 1981-83 waren eine große Aufbruchszeit. Die 2. Friedenswoche 1981, der Konflikt um die Startbahn-West, das Thema Frieden und Abrüstung (Kampf gegen die Nachrüstung mit Mittelstreckenraketen gemäß dem NATO-Nachrüstungsbeschluß), die Solidarität mit Nicaragua und Südafrika waren die heiß diskutierten Themen, und seitdem kann man in der Kirche politisch reden. Jetzt ist vielleicht auch die Umkehrung wieder wichtig: Eberhard Bethge sagte auf dem Kirchentag bei der Einführung zum Bonhoeffer-Requiem: wenn damals Bonhoeffers Satz richtig war ‚Nur wer für die Juden schreit, darf gregorianisch singen", dann muß heute auch gesagt werden: ‚Wer für die Juden schreit, soll auch gregorianisch singen'."

Ob das wirklich so generell gesagt werden könne mit der politischen Redemöglichkeit in der Kirche, wurde angefragt; ebenso, ob man sich nicht auch „an das Politische in der Kirche gewöhnt" habe.

„Ich habe die ganze Südafrika-Arbeit in der Kirche als Aufbruch erlebt. 1970 war doch darüber gar nichts bekannt. Und wie anders ist das heute. Auch die Frauenbewegung ist ein erlebter Aufbruch – freilich ist der noch längst nicht aufgearbeitet. Also: passiert ist ja wohl etwas in der Kirche." Ergänzung: „Und die Frauenfrage ist ja auch etwas, was nicht Risse kittet."

„Für mich ist Vancouver 1983 zu einem Aufbruch geworden. Es war doch der ‚Aufstand gegen die Mächte des Todes'. Das ging weiter mit dem Aufruf von Carl-Friedrich von Weizsäcker zu einem Konzil des Friedens 1985. Da war die Ökumenische Versammlung in Siegen – und da war die Gemeinde (Siegen II, November 1986). Seit einem Jahr arbeitet das Ökumenische Netz in Württemberg, und da wird viel Bewußtseinsänderung deutlich; wir machen jetzt in einer Stadt wie Reutlingen eine dreitägige Evangelisation mit Dorothee Sölle. Und weiter: Das Kernkraftwerk Wyhl ist gescheitert, Wackersdorf ist gescheitert – und da waren auch Christen dabei."

„Ein Arzt hatte begonnen, ‚Wundermappen' anzulegen, ähnlich wie Luise Schottroff dazu aufforderte, daß wir Zeichen der Hoffnung sammeln, erzählen und feiern (Junge Kirche 1/1988); erst war sie nach einem Jahr voll, jetzt bereits nach drei Monaten."

Aber der Zusammenhang von Aufbruch und Programm wird problematisiert:

„Ich sage aus meinen Erfahrungen in der Friedensbewegung: Ich sehe die Gefahren, wenn man nur dagegen ist. Ich möchte auch für Ziele sein."

Aufbruch ohne Programm, aber mit Richtung

„Aufbruch ohne Programm kann kein Programm sein. Aber es gibt sicher Erfahrungen, die man mit Werner Simpfendörfer ins Auge fassen kann. Wenn z.B. der ÖRK in Genf ‚Programme' verabschiedet, so können sie unten wirken wie fertige Drehbücher; und wenn ich begonnen habe, damit zu arbeiten, dann kommt schon das nächste; und ich komme ins Hecheln, wenn ich immer auf dem neuesten Stand sein will. Solche Programme brauchen wir nicht. Wir brauchen keine Programme, die lediglich Alibi-Charakter haben. Und wir brauchen keine Programme, wenn sie Ersatz bleiben für Teilnahme und Mithandeln in den Fragen, die heute unser Mittun erfordern. Aber natürlich brauchen wir eine Selbstverständigung und Orientierung über die Perspektiven unserer Arbeit, über die Richtung für unsere konkreten Schritte. Keine dogmatische, sondern eine freiheitliche, befreiende Theorie." – „Es gehört zusammen der ‚Aufbruch ohne Programm' und der ‚Ruf vom Jenseits des Status quo'. Wichtig ist eine innere Führung: Wer hätte denn 1980 gedacht, daß heute ein Mann wie Gorbatschow auf der politischen Bühne erschienen ist? Es trug ihn etwas in die Geschichte hinein, und da möchte ich mich hineinspüren – ich will nicht jahrelang am Konferenztisch sitzen."

„Der Terror des dogmatischen Denkens ist auch eine Gefangenschaft. Methodologisch verhalten wir uns wie die Konservativen – mit einem Plan, einer Strategie usf. Es bleibt aber wichtig, daß wir rechnen mit dem Unordentlichen, daß nicht alles viereckig sein muß, daß von jenseits etwas kommt, das nicht schon geplant ist (Simpfendörfer). Aber es gibt natürlich Klärungs- und Erklärungsbedarf. Jesaja z.B. muß erklären, weshalb kein neuer David erscheint, sondern ein Fremder, der König Kyros, der das Volk aus der Gefangenschaft erlöst. Da ist theologische Bemühung gefordert."

„Der Aufbruch geht nicht in eine beliebige Richtung. Ob man sagt mit Karl Barth: Jesus Christus, und das enthält die Richtungsanzeige, oder ob man die Formulierung ‚Stimme vom Jenseits des Status quo' vorzieht, wo Jesus ganz sicher dazugehört."

Die Programm-Diskussion löst einen Warnruf aus: „Aber bitte nicht euphorisch werden." Und so wird noch einmal rückgefragt: „Wie ist das mit den Aufbrüchen?" Die Antworten führen wieder hinein in die konkrete Arbeit, in die analytische Bearbeitung.

„Ich bin skeptisch. Die Arbeiter haben keinen Platz in der Kirche. Die Theologie von Lateinamerika, die ist das Leben. Das Kairos-Dokument aus Südafrika: das ist eine ganz andere Kirche als die,

die wir haben. Wenn sich etwas ändern soll, müssen wir sehen: Unser Leben ist grundsätzlich falsch. Wir leben in Sünde (Luise Schottroff). Es ist nötig, daß wir einsehen, wie falsch unser Leben ist. Es ist nötig, daß wir auch die Masse der Arbeiter kriegen."

„Der Kapitalismus, die Macht der Banken, die Rüstung, an der ja auch verdient wird – hier ist der Knackpunkt; daran müssen wir arbeiten. Dazu brauchen wir Analysen und Strategien, da sind wir uns ja wohl einig.

Als kritische Aktionärin bei der Deutschen Bank und Dresdner Bank habe ich als unheimlich deprimierend erlebt, wenn alle in der Alten Oper (bei der Aktionärsversammlung in Frankfurt) nur gelobt und Beifall geklatscht haben. Da braucht man, was Werner Simpfendörfer gesagt hat: Wir machen drinnen und draußen unsere Stimme laut. Die Dresdner Bank hat sich daran gewöhnt – und doch hat sich etwas geändert. Wir brauchen also Strategien etc., aber auch, daß wir uns verlassen können auf die Stimme vom Jenseits des Status quo."

„Ich wundere mich über das mangelnde Zutrauen in die kleinen Leute. Wie ist denn das mit dem Senfkorn? Es liegt doch in der Kleinheit eine Wirkungskraft der Fermentierung. Ich lebe in Jamaica. Es hat die höchste Verschuldung. Ich sehe, was die IWF-Leute hier ausrichten. Die Frauen, mit denen ich arbeite, sind Opfer dieser Schuldenkrise. Große Klugheit wird ihnen abverlangt, weil sonst z.B. die Rechten kommen. Oder das Beispiel von Beyers-Naudé: Er erzählte, wie er sich fühlte als einer in einer Aktionsversammlung gegen eine millionenfache Stimmenübermacht, ohnmächtig, ohne Worte; und wie er entdeckte, daß er sich allein an der Bevollmächtigung, Botschafter an Christi Statt zu sein, genügen lassen müsse. Es geht darum, als Mensch in Menschlichkeit zwischen den Stiefeln der Mächtigen hindurchzugehen."

„Aber natürlich war Beyers auch kein Einzelner. Der SACC, der ANC stehen hinter ihm. Wir haben doch das Kirche-Sein der Initiativen und Basisgruppen entdeckt. Das macht doch die andere Seite so nervös, daß wir mit solcher Autorität zu reden wagen. Freilich: Wir sind meistens nicht bei der Mehrheit, wenn auch im Augenblick im Bereich Frieden und Abrüstung ein gutes Klima (Gorbatschow!) besteht. Ich frage mich, ob wir nicht eine Reich-Gottes-Theologie entwickeln müssen, um uns und unser Tun in Perspektive zu sehen."

„Das müßte natürlich im Sinne der Entwicklung einer Reich-Gottes-Praxis geschehen."

„Ich frage: Führt Werner Simpfendörfer uns zum Jenseits hin? Mir hat gut getan, was er gesagt hat. Freilich: Ich habe auch sehr stark Jugendliche erfahren, die keine Kontakte zur Kirche haben, oder die mit der Kirche in Konflikt gekommen sind. Dieses Gespräch mit den Nicht-Kirchlichen ist wichtig. Der konziliare Prozeß ist nicht der Aufbruch. Wir gehen Schritte zurück; z.B. läßt der Absatz über den Schutz ungeborenen Lebens im Schlußdokument von Basel jegliche Aufnahme von feministischen Einsichten vermissen. Wir müssen da viel mehr miteinander streiten. Wenn ich mir die Erfahrungen der Autonomen z.B. in Göttingen ansehe, am Beispiel der Solidarität mit Ingrid Strobl, dann ist es mir z.B. sehr schwer möglich, zu sagen: Herr Kohl ist auf meiner Seite."

„Ist das nicht zu ideologisch gesehen? Wenn Kohl etwas Gutes und Richtiges gemacht hat (Besuch Gorbatschows in Bonn; gemeinsame Erklärung; Aufschieben der Nachrüstung bei Raketen bis 500 km Reichweite), dann stelle ich das fest."

„Wir sollten aber, bitte, Kyros und Gorbatschow nicht zu euphorisch sehen!"

„Kyros war eben trotz allem der Knecht Gottes. Das muß festgehalten werden. Wir sollten uns aber auch vor einem Denken in zu schnellen Erfolgen hüten. Immerhin: Jetzt endlich reden wir in der Kirche übers Geld, wo es herkommt, wofür es ausgegeben wird; das war doch lange gar kein Thema. Und wir reden mit Frauen, das war doch lange für viele ein Unding."

„Ich bin auch der Meinung: Seit Stuttgart und Basel darf man in der Kirche über Politik reden, ohne sich dauernd rechtfertigen zu müssen. Das ist doch auch etwas, was wir schätzen können und was uns hilft."

Die Ansätze einer kritisch-nüchternen Bilanz führten am Ende der Gesprächsrunde zu zwei Fragen:

„Müssen wir das Verhältnis von Plädoyer und Kirche neu bestimmen?"

Und:

„Und was wird mit der ‚stinknormalen' Gemeinde?"

Nachreflexion

Ich bin erstaunt, wie beim rekapitulierenden Aufschreiben des Gruppengesprächs ein Faden erkennbar wird, der mir so im Gespräch selbst nicht deutlich war. Es geschieht Aufrichtung der Biographie im Gespräch; die Ambivalenz gegen programmatische Vorgaben arbeitet sich ab durch Vergewisserung an der eigenen Erfahrung: erinnerte Hoffnung als Vergegenwärtigung gelebter Hoffnung; die Suche nach Perspektiven bleibt, sie ist gefährdet durch den Griff nach geborgter Perspektive, sie ist gefährdet durch die ambivalente Skepsis gegenüber eigenen Erfolgen – „wehe, wenn ein Stück Perspektive, Hoffnung, Theorie Wirklichkeit wird, dann stimmt sie ja nicht mehr" –, aber sie bekommt auch einen haltbaren Ort durch Rückzug auf die konkreten Herausforderungen und Konflikte, denen wir uns stellen, weil – ja, weil es von der Stimme vom Jenseits des Status quo doch eine Richtung gibt; wenn so die Arbeit im Konkreten bekräftigt und mit einer Perspektive verbunden erlebt wird, dann kommt auf andere Weise auch noch einmal die Kirche, die Ortsgemeinde mit ihren Makeln und Runzeln in den Blick.

Aber nun wäre eine weitere Runde fällig, um ein Bindeglied zu formulieren zwischen jener allgemeinen Perspektive, die Stimme vom Jenseits des Status quo heißt, und der Beurteilung der konkreten Praxis in den Herausforderungen, in denen wir stehen. Eine Reich-Gottes-Theologie wird da angemahnt, vielleicht ist das gemeint: eine Theorie mittlerer Reichweite, die Kriterien zur Vermittlung zwischen Perspektive und Handlungsort beschreibt und diskutierbar macht, als praxisbegleitende Theorie.

Und es wäre noch einmal zu fragen: Was hat es mit den Aufbrüchen auf sich? Was als Neuansatz christlichen Handelns oder Erlebens erscheint, könnte ja auch in hohem Maße nicht eigen-induzierter Reformentwurf, sondern fremd-induzierte Reaktion auf gesellschaftliche Änderungen sein. Der Dialog der Generationen müßte noch einmal gründlicher klären, wie die gesellschaftliche Entwicklung erfaßt, mit welchen Kriterien und welchen Theorien resp. Erfahrungswerten sie begriffen wird.

Verblüffend ist bei der Nachreflexion, in welch hohem Maß die Aufbrüche festgemacht werden am subjektiven Miterleben. Die engagierte Biographie ist ein Kennzeichen der so gelebten Ökumene, kein Zweifel. Wahrscheinlich lag es an dem vorgegebenen Zeitrahmen – „die letzten 10 Jahre" –, daß wir nicht weiter zurückgingen. Aber eine Frage ist es doch, die miteinander geklärt werden müßte:

Wie lebendig macht uns die Geschichte mit ihren einbeschlossenen Leidens- und Hoffnungsgeschichten? Wir haben offenbar keine Probleme, in der Erinnerung zurückzugehen zu biblischen Zeiten, um uns von dort Ausrichtung und Ermutigung zu holen. Aber die „Zwischenzeit" zwischen Jesus und den Propheten damals und der Kirche heute bleibt seltsam blaß, spielt kaum eine Rolle. Ich war erschrocken und betroffen zugleich, daß erst einer, der sich zum Sprecher der Stimme von außerhalb unseres Status quo machte, von jener konkreten Geschichte erzählte – am Beispiel der Berliner Konferenz von 1884 –. Ich denke, wir müssen uns die Geschichten, die Zusammenhänge präsent machen, die Versagensgeschichten und auch die Befreiungsgeschichten, die in der Geschichte der Kirche und ihrer Rolle in der Gesellschaft prägend wurden, uns sprachfähig machen, daß wir uns in den Leiden der Geschichte wiedererkennen und am durchgearbeiteten Material für Befreiungsgeschichten oder doch zumindest Befreiungschancen vertieft plädieren können.

Gruppenbericht II

(Ilse Bonow)

1. Situation

Von der Frage „Wie kommen wir zu einer ökumenischen Zukunft unserer Kirche?" ausgehend, vergewisserte sich die Gruppe der Erfahrung, daß programmatische Festlegungen nicht weiterbringen. Die Charakterisierung der augenblicklichen Situation als „Wüste" wurde geteilt: Verunsicherung, Verwirrung sind bei der Suche nach Orientierung vorherrschend. Der Zwang, für das eigene Handeln Programme nötig zu haben, ist der Erkenntnis gewichen, daß derartige Festlegungen wenig bewirken. Wir erleben uns eher in einer „Transit"-Situation, in der nichts anderes als Innehalten dran ist. Wir müssen uns umschauen, um wahrzunehmen, wie Arbeit getan werden kann. Wir sehen die Notwendigkeit, sich immer wieder nach dem Adressaten unseres Redens und Handelns zu fragen: Ist es (noch) die Amtskirche wie in der Zeit, als das PLÄDOYER entstand, oder sind es heute andere (gesellschaftliche und kirchliche) Gruppen und Institutionen?

2. Kirche

Im Laufe der Diskussion gewann die Frage nach der Rolle und der Beschreibung von „Kirche" größere Bedeutung: **Wer** ist Kirche? Die PLÄDOYER-Gruppe versteht sich ebenso wie die Institution als ecclesia. Woher rührt ihre Anerkennung?

Der konziliare Prozeß hat uns wieder darauf aufmerksam gemacht, daß zum Kirche-Werden **qualitative** Merkmale gehören: Friedensfähigkeit, das „Mit-Anderen-Sein", ... vielleicht auch der Mut zur ökumenischen Programmlosigkeit. Entstehen nicht mit dem Verfassen von Programmen gleich auch Gefährdungen? Wie steht es mit dem Verhältnis von Programm und Gesetz?

Die „Freunde der Ökumene" erleben ihr Kirche-Sein aus einem anderen Zusammenhang als die Volkskirche. Sie sind ansprechbar geworden durch die persönliche, die namhafte Anrede. Sie sind existentiell getroffen als Menschen, die zu Sym-pathisanten im

Leidensprozeß anderer werden (wurden) und damit ein Stück in ihren Leidensprozeß mit eingetreten sind.

3. Die PLÄDOYER-Gruppe

Welche Identität hat unsere Gruppe? Was wollte, was will sie? Die Rückbesinnung auf zehn Jahre Geschichte des PLÄDOYERS hat die Chance von Er-innerung. Wenn wir unsere Entwicklung so er-innert, verinnerlicht, verarbeitet haben, läßt sich neue Orientierung finden. Vielleicht wird sie auch Verweigerung heißen – z.B. gegenüber der Amtskirche. Vielleicht macht uns heute die Fülle der Themen Angst, die ins Haus stehen und die uns auf den Nägeln brennen. Vielleicht entdecken wir Defizite, die aufgearbeitet gehören. Sicher hilft nur Stillhalten und Nachdenken, Innehalten und Wahrnehmen: Das Hören vor neuem Tun.

Gruppenbericht III

(Heinz-Jürgen Joppien)

Daß das PLÄDOYER nicht nur als Angelegenheit einer Generation zu verstehen ist, wird sofort deutlich, als wir uns in unserer Gesprächsgruppe einfinden: 11 Frauen und Männer mit einem Unterschied im Lebensalter, der über fünfzig Jahre hinwegreicht. Und die Gründe, warum der oder die einzelne sich der Ökumene angeschlossen und sich im PLÄDOYER zusammengefunden hat, sind so vielseitig wie die einzelnen Altersstufen.

Doch die Vorstellungsrunde macht auch deutlich, daß zwei Erfahrungen bei allen gleich sind: Ökumene war und ist für alle anziehend, weil sie das bewegende Element in der Kirche vertritt, und die Unterschiede in Lebenserfahrungen und Motiven tragen nicht zur Trennung bei, sondern sie fügen sich vielmehr für die Arbeit an und in der Ökumene zusammen.

Die ökumenische Generationen-Einteilung

Die älteren in der Runde haben ein wenig Probleme mit der Einteilung in verschiedene „ökumenische Generationen". Ist dieses nicht zu statisch, zu exklusiv zu verstehen? Sie sind getragen von dem „frohen Klang" des Stuttgarter Schuldbekenntnisses von 1945, das die Zugehörigkeit zur ökumenischen Weltgemeinde auch für die Christen aus Deutschland wieder ermöglichte. Für diejenigen, die nach dem Schuldbekenntnis neue Orientierung suchen, ist die Entwicklung in der Ökumene ein organisches Wachstum: Kirchenreform, Gerechtigkeit einklagen, Gottes Schöpfung beachten, Netze und Bundesschlüsse bilden.

Doch die „Nachgeborenen" können deutlich machen, daß die sich klarer herausbildende Problemorientierung in der ökumenischen Bewegung für sie wichtige Impulse zur Mitarbeit gegeben hat. Diese neuen Sichtweisen, die neuen Fragestellungen, die sich klar von den Problemen der Konfessionsökumene abheben, und die hier als Leitgedanken der „ökumenischen Generationen" genannt wurden, gewichten nur die Frage nach dem Christsein in der Einen Welt von heute neu – sie lösen die anderen Leitgedanken nicht ab oder machen sie gar überflüssig.

So ließen sich auch durchaus andere Kategorien für „Bewußtseinsstufen" in der ökumenischen Bewegung seit 1945 denken. Einer der Vorschläge:

a) Dominanz von einzelnen ökumenisch gesinnten Frauen und Männern
b) sich zusammenfinden, tun und organisieren
c) Analyse / Solidarität / „Aufklärung"
d) Aktion / Widerstand / Resignation
e) Beachtung von Frauen in Kirche und Gesellschaft / Gemeinschaft / Vernetzung.

Ökumene als bekennende und verpflichtende Gemeinschaft

So wie für viele Ältere das Stuttgarter Schuldbekenntnis ein bedeutsamer Impuls für engagiertes Christsein war, gab für viele Jüngere die Einsetzung des „Programms zur Bekämpfung des Rassismus" des ÖRK Anlaß zur eigenen Positionsbestimmung in der umgebenden Kirche und Gesellschaft. Die Erkenntnis der fehlenden Auf- und Annahme dieses Antirassismus-Programmes in der Bundesrepublik führte viele zu neuem Schuldbekenntnis zusammen: auch in der Kirche Jesu Christi werden durch nichts zu rechtfertigende Herrschaftsstrukturen geduldet, gefördert und gefestigt. Die sich nach solcherlei Schuldbekenntnis als Bußbewegung verstehende Ökumene versuchte ihr Ziel, die Abschaffung der Apartheid, die Anerkennung der Gleichheit und Würde aller Menschen, mit der Metapher vom „einen Organismus", vom „einen Leib" zu verdeutlichen. Wenn sich heute in den ökumenischen Bildern immer wieder die Metapher vom „einen Haus" findet – wird dann nicht unausgesprochen das Bewußtsein der Trennung in die vielen Zimmer, das Durchbrechen der organischen Einheit anerkannt?

Schuldbekenntnis hat seine Entsprechung in dem Glaubensbekenntnis und der Verpflichtung zur Buße, zur Umkehr. Wenn aus diesen Wurzeln heraus sich die ökumenische Bewegung als bekennende und verpflichtende Gemeinschaft versteht, wird es konkret, wird es unbequem für alle Beteiligten. Solche Konkretionen sind in den Tagungen und Erklärungen des PLÄDOYER benannt worden, und sie finden sich stichwortartig in den Leitthemen der „Ökumenischen Generationen" wieder. In den Stichworten „Ökonomie", „Asyl", „fehlende Gleichberechtigung für Frauen in unserer Gesellschaft" werden die Themen für heute zugespitzt, die zur Weiterarbeit nötigen.

Kontemplation oder Aktion – eine Kritik der „Programm"-Mentalität?

Wenn es doch noch so viel zu tun gibt – warum hat uns Werner Simpfendörfer dann in seinem Referat vor zuviel Aktion, vor neuen Programmen gewarnt? Warum sollen wir innehalten, hören auf „den Ruf vom Jenseits des Status quo"?.

Ist dies bei ihm auch die Resignation, die wir alle aus unserer Arbeit aufgrund der vielfältigen Widerstände in Kirche und Gesellschaft kennen?

Das Nachdenken über diese Fragen war – wenn ich mich richtig erinnere – auch durch die Generationen-Zugehörigkeit mitbestimmt: während die Jüngeren, stärker an der Lösung ökumenischer Probleme orientiert, bei Werner vor allem den Appell zum „Warten auf die Stimme vom Jenseits des Status quo" gehört hatten, wiesen die Älteren, stärker an theologischen Traditionen geschult, darauf hin, daß Werner betont hatte, daß heute Ethik wieder viel stärker mit Theologie verbunden werden müsse, daher die Besinnung auf die Bibel, beispielsweise auf die Eschatologie, als Grundlage für die Befreiungstheologie. (Das Vorbereitungsmaterial für die Tagung läßt auch deutlich werden, daß die „Theologia crucis" in den Diskussionen des PLÄDOYERS des öfteren eine Rolle spielte.)

Unterschiede auch im Verständnis der Bedeutung von „Programmen": Jüngere sahen darin eher eine konkrete Aktionsplanung mit der Ordnung von Inhalten und Schritten; in dieser Form haben die Programme wohl ausgedient, weil die anstehenden Probleme entweder zu umfangreich sind (ungerechte Weltwirtschaftsordnung, globale Umweltzerstörung, Menschenrechtsverletzungen weltweit) oder weil die Programme ihr Ziel verfehlt haben (so ist eine fundamentale Beeinflussung der EKD in bezug auf ihre Einstellung zur Behandlung der Apartheids-Problematik gescheitert).

Die Älteren verstanden „Programm" weniger als vorprogrammierende Planung, sondern als eine Klärung der Handlungsgrundlagen, der Basis, auf die hin sich alle Gleichgesinnten verpflichten; in diesem Sinne bleiben Programme weiterhin von Bedeutung, sie verpflichten, im Sinne des verkündeten Reiches Gottes zu handeln, und sie lassen zu, daß Elemente dieses Reiches Gottes ungeplant in diese Welt eindringen.

Beiderlei Verständnis von „Programm" macht die „Aktion" nicht überflüssig: Das Tun des Nötigen muß schnell und präzise erkannt und durchgeführt werden.

Baldwjn Sjollema erläuterte mit einem kurzen Ausflug in die Ökumene-Geschichte einiges zum Verständnis der „Programme": Sie haben ihren Ursprung in der Vollversammlung des ÖRK von 1968 in Uppsala. Die „Exodus-Erfahrung" einte zur Lösung politischer und wirtschaftlicher Probleme. Als eine Plattform für Zusammenschlüsse Gleichgesinnter und für die Formierung von Bündnissen auf Zeit waren die Programme als ein Fortschritt gegenüber den eher unverbindlichen „Erklärungen" gedacht. Mit ihnen zusammen hing eine Budget-Planung und die Ausdifferenzierung von präziseren Aktionsschritten. Programme waren zeitlich befristet geplant – so dachte man damals innerhalb von fünf Jahren mit dem „Programm zur Bekämpfung des Rassismus" der Apartheid ein Ende zu machen!!

Sieben Jahre später mußte Philip Potter allerdings in Nairobi feststellen, daß „der Weg in die Wüste zurückführt": In Kirche und Politik warf ein sich abkühlendes Klima die Engagierten zurück. Nirgendwo ging jemand weiter, als es unbedingt notwendig war, und konsequenterweise verliefen seither einige Programme im Sande.

Also, mit Resignation in die Zukunft?

Verstünden wir Ökumene als die weltweite Organisation von Kirchen, repräsentiert durch ihre Leitungen, bestünde zur Zeit wenig Hoffnung auf eine dynamische Weiterentwicklung. Überall ist noch zu viel Verflochtenheit in herrschende Strukturen, in politische und ökonomische Abhängigkeiten zu konstatieren.

Aber in ähnlicher Weise wie im politischen Bereich die Bürgerinitiativen aktiv geworden sind, so „bewegen" immer mehr Menschen ihre Kirche durch ihr Engagement vor Ort. Diese „Basisbewegungen" verbreitern sich ständig; sie haben im konziliaren Prozeß und insbesondere im Vorfeld der „Europäischen Ökumenischen Versammlung in Basel: Frieden in Gerechtigkeit" eine bedeutsame Rolle gespielt.

Resignative Überlegungen können allenfalls aufkommen, wenn man die schwierige Arbeit in bestimmten Problemfeldern bedenkt:

Etwa bei der Frage nach „Gerechtigkeit“ im europäischen Nord-Süd-Verhältnis, bei der zögerlichen Aufarbeitung der europäischen Kolonialismus-Geschichte oder im Blick auf die anhaltende Dominanz des Ökonomischen in Kirche und Gesellschaft. Dies darf aber den Blick nicht dafür verstellen, daß die Ökumene wieder im Aufbruch ist und ihre bewegende Kraft nicht verloren hat.

Gruppenbericht IV

(Alexander Kaestner/Beate Schäfer)

Drei – durch das Referat von Werner Simpfendörfer aufgeworfene – Stichworte seien aus der Gruppendiskussion festgehalten:

1. „Aufbruch ohne Programm"

Können wir weitergehen „ohne Programm"? Auf Standort- und Richtungsbestimmung allerdings wollen wir nicht verzichten. Bewegt-Sein und Betroffenheit reichen nicht aus; eine die Krise vertiefende Analyse und eine Verständigung, mit wem wir welchen Weg gehen, sind erforderlich. Wir werden nicht warten (können), bis alle mitkommen. Die Gruppen stellen inzwischen eine kirchliche Wirklichkeit dar, Kirchenleitungen sind verunsichert. Welche Möglichkeiten neuer Koalitionen ergeben sich nach Basel?

Einige Anklänge im Einführungsreferat vertieften eigene resignative Tendenzen, die besonders im Erfahrungskontext der kirchlichen Verhältnisse in Württemberg ausgeprägt sind: den lähmenden Jammer über die Evangelikalen und über die Unentschiedenheit, weil Machtgebundenheit, unserer Kirchenleitungen. Können Hinweise auf einige Erfolge – „aus sog. Terroristen wurden anerkannte Regierungsvertreter" – dies aufwiegen? Kann die Konzentration auf die Wurzeln die Ratlosigkeit über das Ziel beheben?

2. „Ökumenische Kontakte"

Wir sprechen oft von unseren ökumenischen Kontakten als von unsererKraftquelle. Übersehen wir dabei nicht, daß unsere ökumenischen PartnerInnen vor denselben Problemen stehen wie wir: Gegensätze zwischen Kirchenleitung und Basis, Auseinandersetzungen mit evangelikalen Traditionen und Strategien? Was bedeutet im einzelnen, von ihren Erfahrungen zu lernen und daraus Kraft zu schöpfen? Was heißt „von ihrem Leiden lernen"? Füllen sie unsere Lücken? Wie entgehen wir der Gefahr, die ökumenischen PartnerInnen für unsere Zwecke zu funktionalisieren?

3. „Südafrika"

Der Rückblick hat nochmals die konstitutive Bedeutung der Auseinandersetzung um Südafrika und des Kampfes gegen die Apartheid für das PLÄDOYER deutlich gemacht. Ist dies noch aufrechtzuerhalten oder müssen die Gewichte und Aufmerksamkeiten anders verteilt werden (z.B. dem „ökologischen Erwachen" folgend auf die ökologische Bedrohung)?

DAS STATISCHE DENKEN GEHÖRT NICHT ZUR ÖKUMENE

– ein Podiumsgespräch über unterschiedliche biographische Zugänge zum Plädoyer, eine Bilanz seiner Arbeit und Wünsche an die Weiterarbeit –

Vorbemerkung

„Erinnerte Zukunft – ein Rundgespräch über ökumenische Entwicklungsperspektiven in den 90er Jahren" war die Plenarveranstaltung am Morgen des 17. Juni überschrieben, die die intergenerativen Gespräche in den Gruppen bündeln und den Blick nach vorne richten sollte. Der Titel war wohl ein wenig zu hoch gegriffen. Offensichtlich ist das derzeitige „meteorologische Problem" zu stark, als daß die Diskussionen nur weniger Stunden den „Nebel" hätten lichten und Perspektiven für die 90er Jahre in den Blick geraten lassen können. Gleichwohl lohnt eine ausführliche Dokumentation dieses Gesprächs, weil die vier ausführlichen, generationsspezifischen Schilderungen des biographischen Zugangs zum Plädoyer und die daraus resultierenden unterschiedlichen Akzentsetzungen für die Arbeit des Plädoyers noch einmal das, was das Plädoyer ist und noch werden kann, plastisch vor Augen führen. „Das statische Denken gehört nicht zur Ökumene", war einer der Spitzensätze auf dem Podium – wie könnte ein „ökumenisches Relais" besser dargestellt werden als in einem kontroversen Diskurs über „das PLÄDOYER und die Bewegungen".

Martin Stöhr: Das Stichwort heißt heute „erinnerte Zukunft". Als die Kreuzigung vorbereitet wurde, geschah das in einem religiös wie politisch hoch geladenen Raum, und die Erinnerung, die am Passah-Fest auch dem Pontius Pilatus in den Knochen saß, war die Erinnerung, die gefährliche Erinnerung an den Exodus, an den Aufstand und Auszug von Sklaven, die für ihre Geschichte ausgezogen sind, die eine Geschichte Gottes war, eine Geschichte der Menschen, eine Geschichte für mehr Gerechtigkeit und Menschenwürde. „Erinnerte Zukunft" knüpft dieses beides zusammen. Und wenn wir die Bibel richtig lesen und ernst nehmen, nicht nur im kirchlichen, sondern auch im ökonomischen und politischen Alltag, dann erweist sie sich mit manchen Texten und vor allen Dingen mit manchen Gemeinden, Kirchen und Gruppen, die sie leben, als ein gefährlicher Sprengstoff für die Zukunft, die anders aussieht als der Status quo.

Die erste Frage geht an Karl Herbert – mit Respekt; das älteste Mitglied in unserer Runde und von Anfang an beim PLÄDOYER FÜR EINE ÖKUMENISCHE ZUKUNFT dabei: Was war eigentlich im Kirchenkampf die ökumenische Lernerfahrung, oder spielte Ökumene da gar keine große Rolle? War die Situation des Kirchenkampfes in Deutschland doch in gewissem Sinn eine Situation **nur** hier in Deutschland? Die ökumenische Urerfahrung – was war das und was für einen Faden gibt es von dort aus der Zeit der Bekennenden Kirche zu dem, was wir im PLÄDOYER wollen?

Karl Herbert: Karl Herbert, Ruheständler der Evangelischen Kirche in Hessen und Nassau, bereits seit 16 Jahren. Gebürtiger Frankfurter, 1931 ordiniert und seit dem 1.1.1932 Gemeindepfarrer in einer Landgemeinde im Kreis Biedenkopf, 5 Jahre Soldat, allerdings wenig kriegerisch, da ich bei der Luftwaffe war, ohne daß ich mich einen Meter über die Erde erhoben hätte; ich kam unbeschädigt zurück, war nur im Westen gewesen und war dann am Wiederaufbau beteiligt. Seit Dezember 33 beim Pfarrernotbund und in der Bekennenden Kirche, hatte Mitverantwortung zu übernehmen für unseren Kirchenkreis und dann auch im Landesbruderrat. Nach 1945 zum Propst für Nord-Nassau gewählt, war das 15 Jahre lang, danach gewählt zum Stellvertreter des Kirchenpräsidenten in Darmstadt und seitdem im Ruhestand an der Bergstraße.

Was hat eigentlich Leute, die von der BK und vom Kirchenkampf herkamen, bewogen, zum PLÄDOYER zu stoßen und diese ganze Aufgabe des PLÄDOYERS als die ihre zu erkennen? Denn es ist ja gar kein Zweifel, daß unter denen, die die erste Äußerung des PLÄDOYERS 1979 unterzeichneten, eine ganze Reihe einstiger bekannter Leute aus der Zeit des Kirchenkampfes war (Kloppenburg, Heinrich Albertz, Gollwitzer, Walter Kreck, Walter Fürst, Wolfgang Schweitzer, Eberhard Bethge). Und zwar fanden sich gerade die, die damals auf der Linie lagen, die durch die Vorläufige Kirchenleitung, durch Berlin-Dahlem bestimmt und deshalb die Dahlemitische Linie genannt wurde, die konsequente Linie der BK, mit einem Mal hier in dieser Frage wieder zusammen. Es ging doch um völlig verschiedene Dinge.

Damals ging es um die Abwehr eines Angriffs auf die Kirche und ihre Verkündigung mit dem Versuch, die Kirche zu einem Instrument der nationalsozialistischen Weltanschauung und Zielsetzung zu machen, um Widerstand gegen Versuche, sie gleichzuschalten. Jetzt ging es um einen Kurs innerhalb unserer Kirchenleitungen gegenüber den ökumenischen Zielsetzungen, insbesondere gegenüber dem Ruf zur Solidarität mit den Unterdrückten. Zwei völlig verschiedene Dinge also.

Aber immerhin, eine Linie verband wohl doch beides. Wir waren von der Einsicht bestimmt, daß es damals um die wirkliche geistliche Existenz der Kirche ging und jetzt unter ganz anderen Umständen wieder: ob wir wirklich Kirche Jesu Christi wären und blieben. Diese Einsicht, daß es hier um Entscheidungen über unsere theologische und geistliche Existenz heute ging, diese Einsicht verdankten wir bereits der Ökumene.

Ich muß auf die konkrete Frage, wie war das im Kirchenkampf, ganz schlicht antworten: Für uns durchschnittliche Leute in der BK war die Ökumene eigentlich fast nur am Rande existent. Sicher, wir wußten, daß der Altpreußische Bruderrat, die Vorläufige Leitung Beziehungen hatte zu dem im Aufbau begriffenen Ökumenischen Rat und daß von dort her Solidarität mit uns ausgesprochen wurde, aber unmittelbar eingegriffen und Einfluß genommen auf uns haben diese Beziehungen damals noch nicht. Wir waren ja im Grunde doch abgekapselt, saßen in einem Ghetto hier. Und alle übernationalen Beziehungen von Kirchen wurden mit äußerstem Mißtrauen betrachtet und nach Möglichkeit auch unterbunden, soweit sie nicht zur Reputation des Nationalsozialismus in der Welt dienten, und das taten unsere Beziehungen sicher nicht.

Ich datiere den Einfluß der ökumenischen Initiativen im Grunde von Oktober 1945 an, mit der ersten Begegnung der Delegation des Ökumenischen Rates mit dem Rat der EKD hier in Stuttgart, bei der berühmten Stuttgarter Erklärung.

(Mal in Klammern gesagt: Die „Stuttgarter Erklärung" vom Oktober 1988 ist mir nicht so eingegangen, denn das Wort war besetzt. Wir sagen zwar „das Stuttgarter Schuldbekenntnis", aber es hieß „Stuttgarter Erklärung" – man war ganz bescheiden damals, 1945. Und offenbar ist in Stuttgart 1988 niemand recht gewesen, dem das noch bewußt gewesen wäre, daß dieses Wort bereits etwas ganz Bestimmtes besagte [Einwurf **Martin Stöhr:** Der Stuttgarter Oberbürgermeister Rommel wies nur darauf hin, daß von Stuttgart nicht nur Mercedes in alle Welt verschickt werden, sondern auch die Bibeln; das war die ökumenisch-ökonomische Erinnerung des Oberbürgermeisters].)

Aber zurück zu Stuttgart 1945, zum Besuch der ökumenischen Delegation mit sieben hochkarätigen Leuten, ganz besonders aus Ländern, die von Deutschen besetzt gewesen waren, mit uns im Kriegszustand gestanden haben. Sie haben jetzt den Schritt auf uns hin getan, haben nicht gewartet, bis die Deutschen, denen das ja wohl oblegen hätte, einen Schritt getan haben, sondern kamen auf uns zu, um die Gemeinschaft wieder aufzunehmen und nicht wie nach dem 1. Weltkrieg zehn Jahre hingehen zu lassen, bis man wieder zueinander kam. Und allein dieser Schritt auf uns zu brachte den damaligen Rat der EKD unabdingbar zu dem Bewußtsein: Wir müssen ein Wort sagen von unserer Schuld.

Es ist nicht so, wie immer wieder behauptet wird, das Schuldbekenntnis sei uns von außen aufgezwungen worden. Gewiß haben die ökumenischen Brüder gesagt: „Wir möchten euch helfen, aber helft ihr uns, daß wir euch helfen können." Das war die Formulierung in Stuttgart, die dem Rat den Mut gab, den Schritt zu jenem Schuldbekenntnis zu tun. Die Begegnung mit der Ökumene aus den von uns im Krieg besetzten oder mit uns im Krieg befindlichen Ländern brachte uns spätestens jetzt, wem es nicht schon vorher aufgegangen war, zur Einsicht unseres Versagens, unserer Schuld. „Durch uns ist unendliches Leid über viele Länder und Völker gebracht worden. Wir klagen uns an."

Dies war der entscheidende Impuls der Ökumene für uns, und für die, die dies aufnahmen, bedeutete das, wie Niemöller damals gesagt hat, den Weg ins Freie. Da mußte man nicht mehr versuchen, sich selbst zu rechtfertigen und sich besser darzustellen, als man war. Da konnte man schlicht von seinem Versagen, von seiner Feigheit, der Angst usw. sprechen und durfte vorwärts gehen zu einem Neuen.

Die das Schuldbekenntnis nicht mittrugen – und es waren damals viele, auch in den Gemeinden –, die waren blockiert, auf Jahre und Jahrzehnte hinaus.

Dennoch: Von Stuttgart 1945 ging ein Lernprozeß aus, der Schritt für Schritt unseren weiteren Weg bestimmt hat. Jetzt gab es die Begegnung mit den Kirchen unter deutscher Besatzung, vor allem aus Holland und Norwegen. Die bedankten sich für das, was wir mit unserem armseligen Kampf der BK für sie bedeutet hätten. Wir hätten ihnen Mut und Kraft gegeben, ihren Kampf aufzunehmen; ihren Kampf, der, wie uns dann deutlich wurde, weiter ging als das, was wir getan hatten. Er ermutigte sie ganz besonders dazu, jetzt Hilfe, Schutz, Anwalt der Verfolgten und Unterdrückten, insbesondere der Juden, zu sein. Uns kam zu Bewußtsein, daß ja unsere Schuld und unser Versagen nicht nur darin bestanden hatte, daß wir „nicht mutiger bekannt" hatten, sondern daß wir diesen Auftrag, Anwalt der Armen, der Verfolgten, der Entrechteten zu sein, vergessen hatten; wir waren immer bei der Kirche geblieben.

Das wurde uns durch die Begegnung mit den Kirchen der Ökumene dann einfach ins Bewußtsein gehämmert, und von da an begann ein Neues. Da wurde uns klar: „Kirche muß Kirche bleiben!" – ja, aber das genügt nicht. Sie muß „Kirche für andere" werden. Bonhoeffer hatte das gesagt, aber durch die Ökumene ist es uns eigentlich erst richtig bewußt geworden, durch die Begegnung mit Südafrika und Südkorea, die sich bedankten bei der BK und dann doch sagt, wir mußten einen Schritt darüber hinausgehen. „Kirche – Anwalt der Entrechteten", das haben wir daraus gelernt. Da fiel bei uns der Groschen. Und von hier aus führte eine Linie unmittelbar bis dorthin, wo wir jetzt standen, als das PLÄDOYER seinen Anfang nahm.

Natürlich hat man uns nach der Verabschiedung des PLÄDOYERS dann gleich gesagt: „Ja, wie begründet ihr das eigentlich? Aus der Heiligen Schrift? Haben wir in Barmen 1934 gesagt, das eine Wort, das wir zu hören und dem wir zu vertrauen und zu gehorchen haben, Jesus Christus; und jetzt fangt ihr an mit politischen Aktionen?" Hier war es wiederum der ökumenische Anstoß, der uns sagte: Wir haben nicht nur unsere gute Tradition zu halten und lebendig zu bewahren; wir haben das Wort, das uns gegeben ist, zu übertragen in die Probleme der Gegenwart, die ganz anderer Art sind. Wir haben einen prophetischen Dienst zu tun. Die anderen sagten: „Um Himmels willen, jetzt hängen sie sich auch noch den Prophetenmantel um und behaupten, sie hätten eine unmittelbare Erfahrung der göttlichen Offenbarung, und vergleichen sich mit den Propheten!" Es war ganz anders gemeint; es war das neutestamentliche *propheteuein* gemeint, das das Übersetzen der Botschaft in die jeweilige Lage bedeutet. Man hat uns in den Jahren vorgeworfen: „Wieso kämpft ihr gegen die Wiederbewaffnung? Wo steht das in der Schrift? Und wieso kämpft ihr gegen die Atomgefahr? Wie begründet ihr das in der Heiligen Schrift?"Und wir mußten dann immer wieder sagen: „Ja, das Wort, übersetzt in die Gegenwart, das leitet uns darin, und dazu haben wir wohl eine Hilfe auch unserer Kirche zu geben."

Ich muß noch ergänzen: Bei der Erstveröffentlichung des PLÄDOYERS in epd 1979 sind dem Text zwei Äußerungen Philip Potters und Erwin Wilckens aus dem Kirchenamt der EKD vorangestellt, in denen es ebenfalls um den prophetischen Dienst ging, um den prophetischen Auftrag des Übersetzens der Botschaft in die gegenwärtigen Probleme hinein. Die anderen sagten: Kirche muß Kirche bleiben! Und wir sagten: Ja, gewiß; und doch, wenn sie nicht „Kirche für andere" ist, ist das tote Orthodoxie! So war die Ökumene eigentlich der Urquell dessen, was wir mit dem PLÄDOYER auf unserer Seite versucht haben.

Waltraud Müller-Hartmann: Ich würde gern noch nachfragen nach den unerledigten Hoffnungen. Ich denke – mit Neid im Blick auf die heutige Situation – daran, daß damals noch kirchenleitende – und jetzt muß ich sagen: Männer (von Frauen und Schwestern war bisher ja wenig die Rede) – versucht haben, das „Kirche für andere" zu formulieren. Gehört dies in den Zusammenhang der unerledigten Hoffnungen von damals, daß heute Kirchenleitungen dies nicht mehr formulieren und sich darüber ein Konflikt, eine Schere zwischen Bewegungen und Gruppen auf der einen Seite und den Kirchenleitungen auf der anderen Seite aufgetan hat?

Karl Herbert: Sicher haben sich unsere Hoffnungen nicht erfüllt. Wir glaubten tatsächlich, daß es jetzt eine richtige Bewegung gäbe. Da gab es viele Enttäuschungen, wie es Werner Simpfendörfer auch schon gesagt hat. Und doch muß ich sagen, umsonst ist es nicht gewesen. Es hat sich da und dort dies durchgesetzt, auch in kirchenleitenden Gremien – in unterschiedlicher Stärke; ganz allein sind wir nicht geblieben. Und immerhin sind auch solche Gruppen wie wir, kirchenkritische, die Kirchenleitungen kritisch begleitende Gruppen mit ihrem prophetischen Dienst, als Gesprächspartner inzwischen doch etwas ernster genommen worden, als dies ursprünglich der Fall war. Ich sehe darin ein kleines Zeichen der Hoffnung, ohne mich darüber zu täuschen, daß damit nicht alle Hoffnungen erfüllt sind.

Martin Stöhr: Ich blende mal um zu Bärbel v. Wartenberg-Potter. Es gibt eine Grußformel in unserem Land, die heißt: „Wir begrüßen aus der Ökumene ...". Das ist ja eigentlich eine schreckliche Formel, die sagt, wir sind nicht „Ökumene", sondern „Ökumene" sind die da draußen; wir freuen uns, wenn die dazu kommen. Das tun wir natürlich auch, aber ich begrüße diese Schwester **in** der Ökumene. Bärbel, auch an Dich die Frage nach der ökumenischen Urerfahrung, nach dem Ort, dem Thema, dem Konflikt des ökumenischen Lernens.

Bärbel v. Wartenberg-Potter: Zum Gruß: Ihr könnt mich nicht ausbürgern und als Gast **aus** der Ökumene begrüßen! Ich gehöre hier dazu und lebe jetzt in Jamaica. Ich komme in die westdeutsche Provinz der Ökumene, wie Ernst Lange gesagt hat, und das gibt eine Verschiebung des Blickwinkels.

Ich bin jetzt in Jamaica mit Philip (Potter) zusammen Pfarrerin für die Universität und unterrichte am Theologischen College. Außerdem arbeite ich in einer Frauengruppe im downtown-Ghetto in

Kingston, was die eigentliche Erfahrung für mich ist. Ich war vorher Direktorin im ÖRK, und davor habe ich in Württemberg und der EKD versucht, ökumenische Gedanken und Aktionen voranzubringen. Und ich erinnere mich, als einzige Frau in dieser ehrwürdigen Runde gestandener Männer gesessen zu haben, die das PLÄDOYER entworfen und diskutiert hat. So gehöre ich irgendwie ein Stück weit mit zu dieser Männergeburt.

Ich möchte anknüpfen an das, was Karl Herbert gesagt hat. Ich habe gelernt, diese ganze Diskussion etwas anders zu sehen. Ich finde inzwischen diese Argumentation, daß Kirche Kirche bleiben muß, eine ganz irrelevante Aussage, weil ich finde, Kirche muß nicht Kirche bleiben, sondern Kirche werden!

Ich denke, wir könnten allmählich eine andere Argumentationsweise anzunehmen lernen, die das in Anspruch nimmt, daß wir nicht etwas **sind**. Dieses statische Denken, das gehört nicht zur Ökumene, sondern das Werden ist der Schwerpunkt und der Weg. Das hat uns Werner (Simpfendörfer) in seinem Referat ja auch gut erläutert. Die Kirche muß überhaupt erst Kirche werden und muß sich eigentlich immer in einem Prozeß des Werdens befinden, in besonderer Weise in einer Zeit, in der wir in die weltweite Gemeinschaft hineinwachsen, wie wir das ja seit der Gründung des ÖRK tun.

In dieser Hinsicht lese ich auch die Zeichen der Zeit ein wenig anders. Ich finde, es ist in der Tat eine Bewegung gewachsen, freilich nicht eine Bewegung, die eine PLÄDOYER-Verbreiterungsbewegung war, sondern eine Bewegung, die sich in vielen Bewegungen niedergeschlagen hat. Zuerst waren es die Frauen für Südafrika, die wirklich etwas Wesentliches bewegt haben in der Kirche – da haben die Bewegungen angefangen; die Friedensbewegung, die Frauenbewegung, die ökologische Bewegung – sie alle haben sich nicht unmittelbar ins PLÄDOYER hineinbewegt. Überhaupt denken wir mir zu konservativ-statisch, wenn wir erwarten, daß das PLÄDOYER als PLÄDOYER eine Bewegung werden muß, statt daß wir dort hingehen, wo sich wirklich etwas bewegt, und sozusagen die Bewegung aufnehmen. In dieser Sicht aber, finde ich, hat sich das PLÄDOYER ganz schön bewegt in dem Sinne, daß sich, gesamtökumenisch gesehen, in diesem Land einiges bewegt hat. Ich habe schon gestern abend in der Gruppendiskussion gesagt, wir sollten doch einfach zur Kenntnis nehmen, daß einige Saat wirklich aufgegangen ist. Ohne das zu sehen, haben wir keine Kraft, die nächsten Schritte zu tun. Und seit 1979 ist sehr viel aufgegangen, ist sehr viel Bewegung entstanden, eine nicht im engen Sinn PLÄDOYER-Bewegung vielleicht, aber eine, die auch im PLÄDOYER ihren Ausdruck gefunden hat. Nebenbei: Ich habe mir gestern überlegt, PLÄDOYER – was ist das eigentlich für ein Wort?Wenn ich heute in diesem Männergremium sitzen würde, würde ich das Wort vielleicht nicht mehr als Bezeichnung vorschlagen; es ist ein so kopflastiges Wort, obwohl es wiederum auch ein schönes Wort ist, für etwas zu plädieren. Aber es kennzeichnet so eine reflektierte, kopflastige Bewegung. Da ist mittlerweile doch viel mehr „Fußvolk" unterwegs. So sehe ich das.

Diese beiden Dinge sind mir wichtig in diesem Zusammenhang. Als drittes möchte ich betonen, daß wir auch gelernt haben – und vielleicht noch besser lernen müssen –, neu zu streiten. Werner hat bereits als „fünftes Licht" uns die „Kultur des Streits" aufgesteckt. Wir entschuldigen uns immer fürs Streiten. Ich will dazu Beyers-Naudé – ich bin ja auch u.a. eine Schülerin von Beyers-Naudé – vom Berliner Kirchentag zitieren. Beyers hat dort gesagt, wenn wir nicht streiten, dann können die Positionen nicht erkannt werden, wenn wir nicht Positionen beschreiben. Und er hat das Bibelwort zitiert: „Denn es muß Parteiungen unter euch geben; nur so wird sichtbar, wer unter euch rechtschaffen ist." (1Kor 11,19). Also, das heißt, daß verschiedene Positionen existieren, das muß auch klar werden, denn nur, wenn wir die Positionen klar sehen, können wir mit einem biblischen Maßstab entscheiden, wer welche Position vertritt. Das Verweigern dieses Positions-Beziehens und darum Streitens, was eigentlich die Positionen sind im biblischen Sinn, so hat Beyers-Naudé gesagt, sabotiert Versöhnung. Er hat da einen neuen, ganz anderen Schwerpunkt gesetzt, als wir gemeinhin im Kopf haben, nämlich daß Streit ein Weg ist, eine wahrhafte Versöhnung überhaupt erst zu ermöglichen. Alles andere ist eine Verschleierung von Positionen, unter denen sich dann die Machtpositionen heimlich durchsetzen. Ich glaube, in diesem Sinn ist Streiten wirklich etwas Positives, und wir sollten es vielleicht ein bißchen weniger verkrampft tun, als wir es tun. Streiten ist eine biblische Kategorie zur Findung der Wahrheit. In diesem Sinn wünsche ich uns eine etwas kultiviertere Streit-Kultur, auch als ökumenisch engagierte Leute.

Waltraud Müller-Hartmann: Bärbel, gestern war die Rede vom PLÄDOYER als Relais. Von Dir habe ich das jetzt so verstanden, daß Du mit Deiner Aufforderung, dorthin zu gehen, wo gestritten wird und wo etwas in Bewegung ist, dem PLÄDOYER eine Verstärker-Funktion zuschreibst. Ist das PLÄDOYER der Teil in diesem Relais, der sozusagen der Verstärker ist, wo etwas gebündelt wird, dann aber auch laut hinausschallt?

Bärbel v. Wartenberg-Potter: Ich denke, eine Gruppe, wie sie sich im PLÄDOYER artikuliert und arbeitet, ist ein ganz wichtiges Element in einer Art Arbeitsteilung, die wir uns in den engagierten Kreisen der Kirche vorgenommen haben. Das PLÄDOYER hat dabei ein spezifisches Gesicht, nämlich als Kritik und als Stimme – sei es im Gespräch oder im Gegenüber zur verfaßten Kirchenleitung (ich weiß nicht, wie der Stand der Gesprächsmöglichkeiten gerade ist). In diesem Sinn hat das PLÄDOYER eine ganz gezielte Aufgabe, nämlich die Beobachtung unserer kirchenpolitischen Landschaft und die Begleitung der kirchenpolitischen Vorgänge, die die PLÄDOYER-Gruppe aufnimmt – und sich in einer arbeitsteiligen Weise auch weiterhin aufzunehmen vornimmt –, um ganz aufmerksam alternative Vorschläge oder Diskussionsbeiträge zu machen, diese zu verarbeiten und zurückzugeben (Relais!), wieder zu verbinden, was sich in der kirchenpolitischen Szene bei uns ereignet. Insofern bin ich ganz sicher, daß wir als PLÄDOYER-Gruppe – neben anderen (!) – unbedingt wichtige Aufgaben haben. Das arbeitsteilige Denken, das ist mir ganz wichtig. Es fehlt im allgemeinen an koordinierter Aussage; es gibt viele Einzelaussagen, aber es braucht darüber hinaus auch das Koordinieren von Aussagen und das systematische Verfolgen der kirchenpolitischen Erklärungen und Entscheidungen. Ich glaube, diese organisierte Form von Koordination, wie das PLÄDOYER sie bietet, brauchen wir.

Waltraud Müller-Hartmann: Das heißt also, daß das PLÄDOYER als solches keine one-issue-group ist. Wie steht es dann aber mit dem vorgeordneten Engagement „Solidarität mit den Völkern des Südlichen Afrika"?

Bärbel v. Wartenberg-Potter: Ich kann die eben beschriebene Funktion des PLÄDOYERS und das Südafrika-Engagement nicht gegeneinander ausspielen, kann nichts vor- oder nachordnen. Was immer ich zu einem Thema sage, muß ja aus irgendeiner Art von Erfahrung von Praxis kommen, in der ich drin bin. „Erst Denken, dann Handeln" ist eine untaugliche Kategorie.

Ich möchte vielmehr das Ineinander von Theorie und Praxis sehen. Die praktische Beteiligung ist das Feld, auf dem wir arbeiten, und daraus ergibt sich, was wir als nächstes tun. Ich lerne das zur Zeit aus dem Gespräch mit der Theologie der 3. Welt ein bißchen mehr, weil ich es unterrichte, auch wirklich zu praktizieren, daß die wirklichen Einsichten sich nur daran erweisen, daß ich sie ausprobiere, ob sie richtig sind oder nicht. Insofern ist die Praxis die Voraussetzung dafür, daß ich legitimiert bin, eine Aussage zu machen, denn sonst rede ich ja immer wieder nur von und in diesem berühmten Elfenbeinturm, abgehoben von der Wirklichkeit.

Deshalb gehört die konkrete Solidaritätsarbeit und die Veränderung unseres Lebensstils genauso dazu wie das Aufdecken von Wahrheiten – das Aufdecken, über das ich im Rahmen meiner Berliner Kirchentagsbibelarbeit über die Hannah viel gelernt habe, denn dort heißt es: Gott ist aufdeckend. Die ganzen Machenschaften, die wir aufdecken in der Solidaritätsarbeit, von Rüstungslieferungen, vom Frank-Chikane-Vergiften-Wollen – dieses Aufdecken, das Ans-Licht-Bringen dieser Machenschaften ist Teil der göttlichen Aktivität. Und dann heißt es im ersten Satz dieses berühmten Hannah-Liedes: „... tut sie ihren Mund auf wieder die Feinde". D.h., wir müssen realistisch darüber sein, daß es tatsächlich Feinde gibt, Feinde der Sache Gottes; und deren Machenschaften bringen wir ans Licht, weil es um die Sache Gottes geht und um den Schutz derer, die keine Fürsprache haben und keinen Schutz. Deshalb ist das Aufdekken ein ganz wesentlicher Teil neben dem, konkrete Schritte abzuwickeln. Daß wir wenigstens das Gewissen sind, daß sich unsere Gruppe dazu versteht, unser eigenes Gewissen zu schärfen und dadurch vielleicht auch Gewissen für andere zu werden, das sehe ich als PLÄDOYER-Aufgabe.

Margot Käßmann: Wenn ich die Generationeneinteilung betrachte und die Frage beantworten soll, welcher Generation ich mich zuordnen will, dann muß ich zunächst mal sagen, daß ich von dem Gefühl bestimmt bin, Ihr seid alle schon erwacht – ökologisch erwacht, entwicklungspolitisch erwacht, ökumenisch erwacht – und dann kommen wir – und ich weiß nicht, ob uns das Erwachen noch zugestanden worden ist. Alles war schon da: Genf '66, Uppsala '68 – alles geträumt, alles versucht, alle Wege schon begangen ... – und dann kommen wir. Das ist ein Gefühl, das mich oft auch ärgerlich gemacht hat. Denn mir persönlich ging es anders: Als ich von der Vollversammlung des Weltkirchenrates aus Vancouver zurückkam, hat das erst einmal mein Theologiestudium innerhalb von drei Wochen auf den Kopf gestellt. Ich bin in ein Loch gefallen, als ich zurückkam, weil ich das Erlebnis von Vancouver mit der Wirklichkeit schwer in Verbindung bringen konnte, und dann bin ich doch aufgefangen worden von Menschen im PLÄDOYER. Was wichtig war. Ich bin nicht zum PLÄDOYER gekommen, sondern ich bin ins PLÄDOYER gefallen.

Aber nach einiger Zeit wurde es mir schwer, hörend und zugukkend am PLÄDOYER teilzunehmen. Die Freundschaften, die da waren, waren gut und wichtig. Ihr hattet eine lange Geschichte miteinander und habt ein Stück aus der Geschichte gelebt. Aber damit andere Teil dieser Geschichte werden können, muß auch ein neuer Aufbruch da sein. In diesem Zusammenhang hat es mich sehr gestört, wie Ihr die fünfte Generation, die Generation der ökumenischen Nest ..., pardon: Netze – nicht Nester, sondern Netze (**Martin Stöhr**: Die Netze waren Nester, ja?) – charakterisiert habt. Diese Generation ist die einzige Generation, der hier Kritik zukommt: „... zugleich aber in der Gefahr steht, das (kirchliche) Innenleben zu wichtig zu nehmen".

Das möchte ich eigentlich an Euch zurückgeben, weil ich denke, daß Ihr das kirchliche Innenleben immer wichtig genommen habt – in Euren Generationen; das Gegenüber Eures Abkämpfens war ganz oft die Kirche als Institution. Und was das – „kirchliche" steht ja in Klammern – Innenleben angeht, haben wir, glaube ich, gelernt – auch stark durch die Frauen, die da auf dem Weg sind (die habe ich im PLÄDOYER übrigens erst suchen müssen!) –, Spiritualität zu leben – ein Stück weit jedenfalls. Für mich ist das wichtig geworden. Ich kann nicht ständig kopflastig-theoretische Probleme abhandeln, theoretische Lösungen suchen, ohne dieses Stück „Spiritualität" zu erfahren. Karl-Heinz (Dejung) hat es ja auch beim Berliner Kirchentag noch einmal betont, daß das eine Spiritualität ist, die wir vor allen Dingen in Praxis erfahren, die wir nicht inszenieren können, sondern die dann entsteht, wenn irgendwo fünf einsame Leute stehen mit umgehängten Plakaten und versuchen, ihren Widerstand öffentlich zu machen. Sie entsteht in Situationen, in denen versucht wird, in Praxis klar das „Nein" auszudrücken; nicht nur in der Theorie, sondern in Praxis, und sei es der Ohnmachtserfahrung. Eigentlich waren es diese Erfahrungen vor Ort bzw. an bestimmten Orten, wo wir nur sehr wenige sein konnten (manchmal waren es auch sehr viele), die mir geholfen haben, das theoretische Erwachen, das überall stattgefunden hat, für mich umzusetzen. Und die Netze, die zum Teil Nester sind – ich will gar nicht behaupten, daß sie das nicht sind –, haben eine ganz wichtige Funktion, die Widerstandskraft zu erhalten – der einzelnen, denn die Prophetie oder das Gewissen sind nicht mehrheitsfähig. Ich glaube, das ist immer eine Utopie gewesen, daß das mehrheitsfähig wird. Um das Minderheit-Sein akzeptieren zu können, brauche ich die Netze, um die Widerstandskraft zu erhalten.

Ähnlich geht es mir mit diesem – das Wort darf man ja gar nicht mehr sagen – „Prozeß", sage ich nur, weil alle ermüdet, frustriert und erlahmt sind inzwischen. Ich glaube, daß wir, wenn wir das, was da an Energie ist in der Verknüpfung von Ökonomie, Ökologie und Friedensfrage, wirklich ernstnehmen, dann hat das ein solches Veränderungspotential und Widerstandspotential in sich, daß es, im

Kleinen erprobt, dann auch im Großen wirken kann. Von daher sind ja auch die vielen Versuche zu verstehen, das einzuebnen, möglichst auf niedrigem Niveau zu halten und durch viele konziliante Zusammenkünfte runterzudrücken.

Ich glaube, daß die Beteiligung der Gruppen in diesem Ganzen etwas Neues ist – der Versuch der Gruppen, zusammen – in Verknüpfung miteinander und in Verknüpfung ihrer Themen – die Verknüpfung zu sehen und miteinander zu arbeiten – und daß das Grenzen sprengt, sowohl konfessionelle Grenzen, die ich auch in der Tradition bei uns noch sehe (das PLÄDOYER ist doch sehr evangelisch-protestantisch), als auch nationale Grenzen.

Das habe ich in den letzten Jahren immer wieder erlebt, daß es eine ganz andere Ökumene gibt, auf einem – würden wir sagen – niedrigerem Level, wirklich vor Ort, die aber existiert, in der die konfessionellen oder nationalen Grenzen keine Rolle mehr spielen. Das ist es, wo ich in Zukunft die Kraft sehe. Ich sehe gar nicht mehr so sehr, daß wir die Kraft brauchen, uns „nach oben" abzuarbeiten, sondern ich setze ganz stark auf diese Bewegung unten.

Rudolf Augstein hat im letzten Spiegel über Peking geschrieben: „Nichts ist wichtiger" – und er hat zu dem Hugo-Wort hinzugefügt – „und gefährlicher als eine Idee, deren Zeit gekommen ist". Ich glaube, daß an der vielbeschworenen Basis mehr wächst, als wir z.T. wahrhaben wollen, weil es sich nicht in großen Artikeln und theoretischen Abhandlungen artikuliert, sondern in ganz kleinen Schritten. Auf die setze ich in Zukunft.

Martin Stöhr: Aber was für eine Idee? „Nichts ist wichtiger als eine Idee ..." – das ist der Werbespot von Mercedes zur Zeit, in allen Anzeigen nachzulesen.

Margot Käßmann: Natürlich meine ich nicht diese „Eine Welt", die von Fernsehen, Funk und Medien geschaffen wird. Ihr ist die eine Welt der kleinen Leute gegenüberzusetzen, die Ökumene der kleinen Leute. Im übrigen: Ich habe mit der Idee der „Einen Welt" schon meine Probleme. Ich weiß, daß es ein guter, wichtiger Slogan war, aber ich denke, daß die „Eine Welt" eben ganz oft die eine Welt von Dallas, Denver und Mercedes-Benz ist. Dagegen setze ich die Träume der kleinen Leute.

Waltraud Müller-Hartmann: Margot, wenn Du das so formulierst, dann kriege ich doch ein bißchen Angst, wenn ich uns anschaue, die wir doch eine verhältnismäßig etablierte bürgerliche Mittelschicht darstellen. Was haben wir eigentlich für Verbindungen zu dieser Basis, die eben auch: nicht-protestantisch, nicht-evangelisch und nicht-bürgerlich ist, und wo siehst Du für uns solche Verbindungsmöglichkeiten? Das wäre ja für unsere Zukunft ziemlich wichtig.

Margot Käßmann: Nun, wir können nicht hier sitzenbleiben, sondern wir müssen hingehen. Das ist der Punkt. Und „bürgerlich"? Den Schuh ziehe ich mir auch an, natürlich bin ich bürgerlich. Aber für jede(n) gibt es Schritte der Veränderung. Ein Beispiel aus der Fuldaer Friedensgruppe: Da hat einmal eine Frau gesagt, daß es für sie **der** Schritt war, in Fulda aus ihrer Wohnung herauszugehen und zu dieser ganz kleinen Gruppe vor dem Dom hinzugehen, die schweigend, ohne etwas zu sagen, eine Stunde gestanden und für den Frieden demonstriert hat. Raus aus der Wohnung, hin zum Domplatz – das war der Schritt für sie. Ich denke, das ist der Weg des PLÄDOYERS.

Natürlich stochern wir im Nebel, darin würde ich Werner (Simpfendörfer) zustimmen, aber es gibt natürlich Punkte in dieser Republik, wo wir hingehen müssen. Keine(r) kann mehr sagen, daß vor ihrem oder seinem Ort nichts ist an ökologischer Katastrophe, ökologischen Problemen. Zum Beispiel Röhrshain, 10 Kilometer von dem berühmten Spieskappel, wo ich wohne, entfernt; da ist ein Atomwaffenlager; dort hinzugehen mit unserem Kirchenvorstand und eine Stunde zu sitzen, das war für unsere Gemeinde ein großer Schritt. Zusammen hingehen, das muß die Bewegung des PLÄDOYERS sein.

Sicher, wir müssen uns treffen und auswerten usw., aber für mich steht das Gehen im Vordergrund, und ich denke, das PLÄDOYER sollte „gehen" und vielleicht auch die Tagungen an solche Orte verlegen, wo wir dann den Samstag vormittag vor einem Bauzaun verbringen.

Waltraud Müller-Hartmann: Das Gehen setzt das Aufbrechen voraus. Dieses Wort hat mich lange beschäftigt. „Aufbrechen" hat ja eine Doppelbedeutung: Da bricht etwas auf – das Wort medial verstanden – und man nimmt den österlichen Weg unter die Füße. Das möchte ich jetzt gern an den jüngsten Teilnehmer unserer Runde weitergeben: Wie war das bei Dir mit dem Aufbrechen in diesem Doppelsinn, Tilman? Wie bist Du zu uns gekommen? Was war Dein Weg?

Tilman Polster: Als ich die Einteilung der Generationen gelesen habe, habe ich mich gefragt, warum ich gerade derjenige bin, der die fünfte Generation vertritt. Altersmäßig als Jahrgang '66 zweifellos, aber die Ökumenischen Netze kann ich sicherlich nicht vertreten. Dank Margot Käßmann brauche ich das jetzt ja auf dem Podium auch gar nicht.

Mein persönlicher Aufbruch hat dadurch begonnen, daß ich in der Waldenser Kirche Zivildienst gemacht habe und im Ökumenischen Zentrum in Agape war. Dort hat sich mein Verständnis von Kirche-Sein und Christ-Sein ausgeprägt und habe ich „Ökumene" begriffen. Dort habe ich ein Ökumene-Verständnis gelernt, was ich auch hier mit einbringen möchte, das „Ökumene" immer verstanden hat als Hinausgehen über die Grenzen von Christen, über die Grenzen von Glaubenden und als Hingehen zu all denen, die sich mit mir oder mit uns für dieselbe Sache einsetzen. Ich habe gelernt, daß gerade das mein Christ-Sein enorm geschärft hat, mich mit den Leuten auseinanderzusetzen und gemeinsam zu arbeiten, die aus vielleicht ganz anderer Motivation dasselbe tun. Weiter habe ich von der Waldenser-Kirche gelernt, was auch in unserem Kontext immer wieder anzumahnen ist, daß man als eine so kleine Kirche wie die Waldenser-Kirche gar nicht auf die Idee kommen kann, daß man allein den Frieden schaffen könnte oder daß die Christen den Frieden schaffen könnten, sondern daß man solidarisch sein oder auch Bündnisse schließen muß mit allen oder vielen Gruppen, die aus ganz anderen Gründen für dasselbe an bestimmten Punkten einstehen, und dann vielleicht auch mit ihnen im gemeinsamen Engagement streiten muß, weil man vielleicht von woanders herkommt.

Ich habe mich dann nach zwei Jahren wirklich begeisterten Arbeitens in der Kirche (sicher in **der** Kirche, aber auch für weiteres kirchliches Engagement motivierend) doch erst einmal dafür entschieden, Medizin zu studieren – auch aus dieser Idee heraus, was ich in Agape von guten Freunden gelernt habe und was mir sehr wichtig geworden ist: daß man gerade als Christ nicht nur in der Kirche arbeiten soll, sondern sich in die – ich nenn' das jetzt mal so, obwohl mir das Wort nicht so gut gefällt – weltlichen Zusammenhänge einbringen muß. Das versuche ich auch momentan, indem ich mich in der Arbeit an der Uni direkt – Stichwort „Fachschaftsarbeit" – engagiere. Mit allen Unsicherheiten einer Phase der Orientierungssuche, die auch für meine Zugehörigkeit zum PLÄDOYER gelten. Auch hier fühle ich mich nicht hundertprozentig zu Hause, sondern schaue mehr und begleite kritisch und interessiert, z.T. auch froh und begeistert die PLÄDOYER-Arbeit, und zwar deshalb, weil ich auch hier das Gefühl nicht loswerde, – insofern finde ich die Kritik in der Generationeneinteilung wiederum gar nicht so schlecht –, daß es sehr viel um kirchliches Innenleben geht oder vielleicht auch um eigenes Innenleben. Ich habe ja selbst hier damit angefangen, wogegen ich eigentlich angehen wollte – und deshalb habe ich auch so stockend zu erzählen begonnen –, daß wir immer nur die eigene Erfahrung sehen. Natürlich war es für mich ein wichtiger Schritt, da und dort dabei gewesen zu sein, aber ich denke, es ist genauso wichtig zu sehen, wie wir von außen rezipiert werden.

So geraten in mein Blickfeld jetzt Leute, die aus ganz anderen Zusammenhängen arbeiten. In Göttingen ist das – sagen wir mal schlagwortartig – eine entschiedene Linke und auch autonome Linke, die versucht, sehr wach gegen Rechtsextremismus zu arbeiten, wo ich meiner Ansicht nach sehr lange geschlafen habe und wohl auch viele andere geschlafen haben.

Waltraud Müller-Hartmann: Du hast das Wort „autonom" benutzt und Menschen beschrieben, die man als mündige Laien bezeichnen könnte. Wo sind die eigentlich in unserem Zusammenhang? Wenn ich mich hier umschaue, sitzen hier Theologen und binnentheologisch-kirchlich „Verseuchte". Wo findet man die mündigen Laien, die einfach in der Lage sind, autonome Prozesse mit sich und anderen zu beginnen, die nicht dauernd binnenkirchlich reflektiert sind im „sollen wir – sollen wir nicht"?

Tilman Polster: Mir kommt die Frage ein wenig schief vor. Sie wirkt so, als hätte die Kirche große Probleme, außerhalb ihrer selbst Engagierte zu finden. Oder suchst Du die „mündigen Laien" jetzt doch wieder innerhalb der Kirche? Es gibt doch in ganz vielen Bereichen der Gesellschaft Gruppen, die nicht kirchlich sind, aber für ähnliche Ziele arbeiten. Um es konkret zu machen: Für mich war das jetzt z.B. die Gruppe der Angehörigen der Gefangenen, die im Hungerstreik waren. Das sind Leute, die überhaupt nicht direkt kirchlich arbeiten, aber z.B. den Kirchentag wahrnehmen. Das hat mich erneut nachdenken lassen, daß ich in mehreren Veranstaltungen der letzten Zeit von diesen Leuten die Anfrage gehört habe, wir bräuchten eigentlich eine Bewegung, die sich mit den neuen Sicherheitsgesetzen auseinandersetzt, die davon wegkommt zu glauben, das trifft nur die anderen, die vielleicht doch irgendwie drinstecken, und dazu müßten wir über militante und nicht-militante Gruppen hinweg Bündnisse schließen. Und in diesem Zusammenhang erwähnen sie die Kirchen. Ich habe dann nachgefragt und gesagt bekommen: „Eigentlich ist es noch eine Hoffnung, denn sehen kann ich noch nicht viel". Ich denke, es ist wichtig, daß wir das wahrnehmen, daß solche Anfragen kommen.

Mit diesen Ohren habe ich das gehört, was Werner Simpfendörfer gestern gesagt hat. An manchen Stellen glaubt man ja, seine eigenen Ideen wiederfinden zu können, und freut sich dann darüber. Das war für mich einmal, als er gesagt hat, das Fremde ist das Hermeneutikum schlechthin. Ich habe das Gefühl, für die kirchlichen Zusammenhänge sind all jene Gruppen, die mit uns zumindest doch das teilen, daß für sie der Status quo nicht das letzte zu Sichernde ist, viel, viel fremder als die, die am Status quo mit allen Mitteln festhalten wollen. Warum schaffen wir es eigentlich nicht, auf sie zuzugehen?

Fehlt nicht bei uns etwas, wenn ich z.B. in diesen Gruppen immer ein bißchen mit dem Ton angeguckt werde: „Na, das mit dem Kirche-Sein – diesen Schaden hat er irgendwo mal weggekriegt". Es ist für die Leute nicht verständlich, daß man aus kirchlichen Zusammenhängen zu dieser Arbeit kommen kann.

Das zweite war die Frage nach der Solidarität. Das Stichwort vom Paradigmenwechsel zur Solidarität durchzieht ja zur Zeit die ökumenische Diskussion. Ein Punkt, an dem ich momentan sehr am Überlegen bin, ist: Wir haben gelernt, solidarisch zu sein mit – bleiben wir mal beim PLÄDOYER-Schwerpunkt – den Völkern im Südlichen Afrika, solange es uns durch die Kirchen dort vermittelt ist. Ich frage mich, ob es nicht die Aufgabe von uns hier als kirchliche Gruppen sein muß, in die Ökumene einzubringen, wo wir bei uns mit nicht-kirchlichen Gruppen solidarisch sind. Natürlich will ich nicht, und kann es auch gar nicht, die Leute, die bei uns Widerstand leisten, mit den Leuten, die in Südafrika Widerstand leisten, parallel setzen. Aber daß es bei uns Leute gibt, die meinen, sie müßten Widerstand leisten mit verschiedenen Mitteln, die wir zum Teil teilen, zum Teil sicherlich nicht teilen, das, denke ich, nehmen wir doch zu wenig wahr. Ich erhoffe mir, daß wir unter dem Stichwort „Solidarität" dahin kommen, sie stärker ausfindig zu machen.

Die Plenarrunde

Gegen die Perspektivensetzung vom Podium, die angestammten Räume zu verlassen und zu den Orten der gesellschaftlichen Konflikte zu gehen bzw. den binnenkirchlichen Blickwinkel aufzugeben und die Zusammenarbeit mit den nicht-kirchlich Engagierten zu suchen, rief **Martin Stöhr** noch einmal ein anderes, früher leidenschaftlich diskutiertes Essential des PLÄDOYER-Selbstverständnisses in Erinnerung: „Sind wir auch Kirchenreformbewegung? Das heißt, liegt uns daran, daß wir die Bibel neu und besser lesen, daß wir nicht Theologie als Professorentheologie treiben, sondern als kritische Reflexion dessen, was wir aus der Tradition übernommen haben und in die jeweiligen Situationen übersetzen müssen? Oder sagen wir wie eine zunehmende Zahl von Frauen – und die Arbeiter schon lange –, es lohnt sich nicht mehr, sich für eine neue Kirche zu engagieren?"

Allerdings sei auch die Kirchenreformbewegung mit einem besonderen Erkenntnisfortschritt der letzten Jahre an einem prekären Punkt angelangt. Indem sie sich aus der bisherigen Fixierung auf das Gegenüber Kirche – Staat gelöst und als das wahre Gegenüber die völlig ökonomisierte Gesellschaft anzusehen gelernt habe, seien die Konflikte (mit Kirchenleitungen und Kirchenverwaltungen) schärfer und hoffnungsloser geworden. Martin Stöhrs Frage: Sind wir, wenn wir im Bereich der ökonomischen Basis, auch der eigenen, „Nein" sagen, nicht noch schneller draußen? Hier tue sich eine Schere auf zwischen Kirchenreform und Ökonomie-Problematisierung, zu beidem aber müßten wir uns im PLÄDOYER verhalten.

Die Frage löste mehrere Reaktionen aus, die alle keine Alternative in der Akzentsetzung der Kirchenreform und der direkt politischen Solidaritätsarbeit sahen. Die Bedeutsamkeit der Kirchenreform machte **Bärbel v. Wartenberg-Potter** daran fest, daß sowohl sie persönlich die Kirche bzw. den christlichen Glauben als Quelle von Selbstkritik, Ermutigung und Inspiration brauche und insofern ein elementares Interesse daran habe, daß diese Quelle lebendig bleibe, als auch politisch-strategisch die Kirche ein viel zu wichtiges Organ sei, als daß sie reaktionären Kräften überlassen bleiben dürfe. Sie könne zwar verstehen, daß Leute Spiritualität außerhalb der Kirche suchten, in den Wald gingen und sich aus der Umarmung von Bäumen Kraft versprächen, aber irgendeine Struktur brauche jede Spiritualität, und warum sollten wir dann ausgerechnet die Struktur negieren, die auf eine zweitausendjährige Geschichte zurückblicken kann, in der sich die befreienden Inhalte der Bibel immer wieder durchgesetzt haben. Wenn wir keine Quelle mehr hätten, könnten andere – eben auch reaktionäre – Kräfte einspeisen und die allgemeine Suchbewegung benutzen. Insofern stelle die Kirchenreform im von Martin Stöhr beschriebenen Sinne und die Solidaritätsarbeit an gesellschaftlichen Themen keine Alternative dar, weder persönlich noch im Interesse der „politischen Seele".

Die anschließende allgemeine Plenarrunde reproduzierte noch einmal den Diskussionsstand der Arbeitsgruppen:

* Einschätzungsdivergenzen zum konziliaren Prozeß, ob er als „größte Kirchenreform seit der Reformation" zu beurteilen und durch eine weitere Intensivierung organisierter Programmarbeit zur Begleitung der ökumenischen Versammlung (Seoul im März 1990) zu stützen sei (**Werner Dierlamm**) oder als verhängnisvolle binnenkirchliche Fixierung zu betrachten sei. Divergenzen, die sich im

Widerspruch zum beliebten Slogan der „vielen kleinen Leute an vielen kleinen Orten, die viele kleine Schritte tun" manifestierten, daß, wenn die kleinen Schritte nicht auch massiv auf den Zehen der großen Leute geschähen, wir in Gemütlichkeit verkämen, während unterdessen jene unbehelligt große Schritte in die andere Richtung vorangingen (**Marie Dilger**).

* Plädoyers:

  – für eine konzentrierte Weiterarbeit am Ökonomiethema, an der Verschuldungsproblematik, und eine gezielte Begleitung jener Gruppen wie der Kritischen Aktionäre, die die Auseinandersetzung mit dem ökonomischen Zentrum der Gesellschaft suchen,

  – gegen die Vernachlässigung der volkskirchlich-gemeindlichen Zusammenhänge zugunsten der Gruppen-Szene, weil es genügend Beispiele für Aufbrüche gerade auch in diesen Zusammenhängen gebe (z.B. im Kontext der Flüchtlingsarbeit) und weil z.B. eine Formel wie „die Bewegung der Getauften" ein Bindegleid in der Alternative „Orientierung an kirchlichen Zusammenhängen oder an nicht-kirchlichen Gruppen" darstellen könne,

  – für die Ernsthaftigkeit der Sexismusdebatte im PLÄDOYER, die nicht geführt werden dürfe, weil das PLÄDOYER den Frauen mal was Gutes tun wolle, sondern weil die PLÄDOYER-Männer wissen, **wir** brauchen es, hier etwas aufzunehmen, wo es auch um Gerechtigkeit geht.

* Betonungen unserer Probleme:

  – uns von der Stimme vom Jenseits des Status quo rufen lassen zu wollen und doch in den Status quo sehr weitgehend integriert zu sein, weil er uns materiell trägt,

  – nach wie vor die Verknüpfung des Lokalen und des Globalen nicht befriedigend gelöst zu haben.

Perspektivische Klarheit hat sich nicht eingestellt. Aber wir können sicher sein: „Fürchte Dich nicht, langsam zu gehen, fürchte Dich nur, stehen zu bleiben" – dieser „Auftrag ohne Programm" wird das PLÄDOYER weiter in Bewegung halten.

Kerstin Ulrich

DIE ÖKUMENISCHE UTOPIE ENTLÄßT IHRE KINDER – ?! EIN ENKELKIND MELDET SICH ZU WORT

I. Großmütter sind die Brücke zur Vergangenheit und Wegweiser für die Zukunft

Ich bin ein „Mauerkind". 1961 in Berlin geboren. Meine Taufe im gleichen Jahr war für meine Familie ein einschneidendes Ereignis. Sie war Anlaß für das vorläufig letzte, große gemeinsame Familienfest. Die Mauer hatte unsere Familien räumlich getrennt. Im Bewußtsein dieser Realität bin ich aufgewachsen.

Ich erinnere mich gut daran, wie ich als Kind unzählige Stunden bei meiner Großmutter in der „guten Stube" verbrachte, vor mir eine Pappkiste mit alten Bildern. Ich entdeckte diesen Schatz meiner Großmutter sehr früh, und wurde im Laufe meiner Kinderjahre nicht müde, bei jedem Besuch diese Pappkiste wieder aus der Vitrine zu ziehen.

Während ich, die großmütterlich selbstgemachten Karamelbonbons lutschend, auf dem Sofa saß und Bilder sortierte, erzählte meine Großmutter Geschichten aus der Vergangenheit. Sie machte die Bilder lebendig. Ich konnte nicht genug bekommen von ihren Geschichten (und den Karamelbonbons) und fragte immer wieder nach.

So habe ich als Kind erfahren, daß Großmütter die Brücke zur Vergangenheit sind – eine lebendige Brücke. Gleichzeitig haben ihre Erzählungen Auswirkungen auf meine Zukunft gehabt.

Nachdem es möglich wurde, die Familie in der DDR zu besuchen, nahm sie mich an die Hand, und wir besuchten gemeinsam die Verwandten. Anfänglich ängstlich und neugierig zugleich, verbrachte ich mehrere Jahre meine Sommerferien dort. Als ich älter wurde, brauchte ich die Hand meiner Großmutter nicht mehr. Ich hatte erfahren, daß ich auch ohne meine Großmutter Teil dieser Familie bin.

II. Um die Kultur der Erinnerung zu pflegen, sind wir angewiesen auf unsere ökumenischen Großeltern

Das erste Licht, das uns Werner Simpfendörfer mit auf den langen Weg gegeben hat, will ich aus der Perspektive eines ökumenischen Enkelkindes bedenken. Dabei begleiten mich die Erlebnisse meiner Kindheit.

Wir Enkelkinder müssen lernen, uns in unserer Kirche als Erben der ökumenischen Utopie und als Teil der weltweiten Ökumene zu erkennen. Dann werden wir den Aufruf von Vancouver als Aufgabe für unsere Zukunft annehmen können. Dazu müssen wir mit unseren Fragen das „ökumenische Loch" unserer Kirchengeschichte ausfüllen.

An den Universitäten ist ökumenische Theologie ein Spezialgebiet, das sich meistens reduziert auf den Dialog zwischen evangelischen und katholischen Christen. Wer neuere Kirchengeschichte lehrt, hat die Kirche der Weimarer Republik und den Kirchenkampf während des Nationalsozialismus im Blick. Es gibt ein „ökumenisches Loch", das uns die weltweiten Aufbrüche des 20. Jahrhunderts vorenthält. Wer durch Zufall darauf stößt, fühlt sich allein gelassen.

Die nicht wahrgenommene und gelernte Vergangenheit läßt viele meinen, daß ökumenische Solidarität nur „außerhalb" der Kirche möglich ist.

In den Kirchengemeinden ist Ökumene oftmals nur am ersten Freitag im März erfahrbar, wenn die Frauen zum Weltgebetstag einladen oder wenn die Kollekte für den fernen Partnerschaftskirchenkreis gesammelt wird.

Das ökumenische Gedächtnis ist auf dem Weg zu den Enkelkindern verloren gegangen. Ich denke, es ist an der Zeit, daß die Enkelkinder es einklagen.

Um die Kultur der Erinnerung zu pflegen, sind wir angewiesen auf unsere Großeltern, die die verdrängte Geschichte für uns lebendig werden lassen, damit wir uns als Teil derselben erfahren.

Nur dann werden wir uns mit dem Prozeß identifizieren können, der in Vancouver (!) seinen Anfang genommen hat.

III. Avia, Ave – ubi estis?

Ist das Plädoyer eine homogene Gruppe „alter Ökumeniker"?

Auffällig war es schon in Stuttgart: Die Jugend war eher spärlich vertreten. „Aber, das muß nichts bedeuten", sagte mir ein (entwicklungs-)politisch erwachter Teilnehmer. Als „Neuling" erfuhr ich, daß auf den Jahrestagungen immer etliche Studierende anwesend sind, die ihr Interesse an ökumenischen Fragestellungen bekunden. Nun gut.

Was ich noch als Auffälligkeit im Kopf und Bauch mit mir nach Hause getragen habe, hat mich ins Nachdenken gebracht. Es war die „Ich – Ihr" bzw. „Wir – Ihr" Gegenüberstellung von Margot Käßmann bzw. Tilman Polster während der Schlußrunde. War dies unbewußt, zufällig? Ich selbst jedenfalls fand mich darin wieder. Ich denke wohl, daß das Plädoyer auch von jüngeren Menschen getragen wird. Mir scheint der intergenerative Dialog auch ein ehrliches Anliegen des Plädoyers zu sein. Nur – mit einem „Wir"-Gefühl bin ich nicht nach Hause gefahren.

Erinnerung und Dialog scheinen mir die entscheidensten Wegweiser in eine gemeinsame Zukunft zu sein, auch für das Plädoyer.

„Wir brauchen nicht Programme, sondern Menschen." Ich denke, die Menschen sind da. An den Universitäten, Kirchengemeinden und in vielen Gruppen – ich erlebe das. Aber, nur wenige kennen ihre ökumenischen Großeltern. Das „ökumenische Loch" wird zum Bruch, wenn wir es nicht gemeinsam füllen.

Vielleicht können wir gemeinsam eine „gute Stube" finden, in der wir die Bilder der Vergangenheit lebendig werden lassen. Manchmal habe ich die Phantasie, daß eine „Ökumenische Sommeruniversität" den Anfang eines Dialogs bilden könnte. Aus Büchern und Papieren ist Ökumene nicht erlernbar. Sie können nur Hilfsmittel sein.

Als Werner Simpfendörfer sein Einführungsreferat in Stuttgart beendet hatte, wandte sich mein Tischnachbar zu mir und kommentierte meine Sprachlosigkeit über das soeben Gehörte mit den Worten: „Hier kannst du Ökumene lernen."

Mit dieser Hoffnung für die Zukunft bleibe ich dem Plädoyer verbunden.

Philip Potter

ERINNERTE ZUKUNFT

Generationen im Dialog – Plädoyer für eine ökumenische Zukunft

Schluß-Ansprache der Stuttgarter Versammlung

Liebe Freundinnen und Freunde,

natürlich ist es für mich ein Vergnügen, diesen zehnten Jahrestag unseres „Plädoyers für eine ökumenische Zukunft" mit Euch zu feiern.

Eigentlich wollte ich nur zwei oder drei Dinge sagen im Blick auf die Zukunft.

Es war natürlich nicht Eure Aufgabe, darzulegen, worin die Bedeutung des „Plädoyers für eine ökumenische Zukunft" lag. Ihr habt es praktiziert. Ihr habt daran gearbeitet. Aber wie steht es mit uns von außerhalb? Wie ist es uns erschienen?

Da ich im Zentrum des ganzen Geschehens war, möchte ich dazu doch ein besonderes Wort sagen. Heute morgen haben wir geredet über „erinnerte Zukunft". Sich erinnern heißt im Französischen „reconnaître", und das Hauptwort heißt „reconnaissance", was gleichbedeutend ist mit: Dank sagen. Und ich denke, wenn wir uns erinnern, dann sollten wir uns in Dankbarkeit erinnern.

Erinnerung in Dankbarkeit

Wenn ich mich nämlich an 1978 erinnere, dann war das die Zeit der tiefsten Krise des Weltkirchenrates. Es waren damals dreißig Jahre seit seiner Gründung vergangen. In Amsterdam 1948 war ich dabei. Ich war dort als Sprecher der Jugenddelegierten. Ich erinnere mich noch an unsere sehr feierliche Erklärung, daß wir die Stimme derer zu sein hätten, die keine Stimme haben, und um der Gerechtigkeit willen neben ihnen stehen müßten. Dreißig Jahre später aber fanden wir uns verlassen. In dieser Situation waren wir.

In jener Zeit der tiefsten Krise bildete sich hier die Boykott-Bewegung. Ihr erinnert Euch daran, daß die „Heilsarmee" ihre Mitgliedschaft ruhen ließ. 1981 gab sie sie endgültig auf. Eure kleine

Landeskirche von Schaumburg-Lippe ließ ihre Mitgliedschaft ruhen, und ich glaube, so ist es noch heute. Die presbyterianische Kirche von Irland gab ihre Mitgliedschaft auf. In den Akten fand ich, daß schon 1947 große Zweifel daran bestanden, ob diese presbyterianische Kirche dem ÖRK überhaupt beitreten würde, denn er erschien schon damals als eine Organisation, die dem Kommunismus zu weit zuneigte. Und als 1961 die römischen Katholiken auf der Vollversammlung erschienen und die osteuropäischen Kirchen mächtig antraten – besonders die Orthodoxen –, erwog die presbyterianische Kirche von Irland sehr ernsthaft ihren Austritt. Es kam dann aber erst wegen des PCR und der Ereignisse in Zimbabwe dazu, daß sie ihre Mitgliedschaft aufkündigte.

Ich erinnere mich noch sehr wohl daran – habe ich doch die letzten vier Jahre auf dem Universitätsgelände von Jamaica gelebt. Da stellen sich im Januar 1989 alle Erinnerungen an die Sitzung des Zentralausschusses 1979 wieder ein: – wie damals die meisten Mitgliedskirchen aus Westeuropa ankamen, „gewappnet", um uns zurechtzustutzen. Damals rief ich in meiner Ansprache vor dem Zentralausschuß zu dem Konsultationsprozeß auf, was den Anstoß für Euer PLÄDOYER gab. Den Kirchen wurden zwei Fragen gestellt: Wie sollen wir dem Problem des Rassismus in den 80er Jahren begegnen? Wie können wir und dem weltweit allgegenwärtigen Rassismus in unseren eigenen Ländern stellen?

Was das PLÄDOYER 1979 allerdings nicht erwähnte, war die andere Fragestellung, die ich dem Zentralausschuß dringend nahelegte und die er aufzugreifen beschloß: Es war der Aufruf, sich einem tieferen Nachdenken darüber zu widmen, was wir damals sehr höflich „Politische Ethik" nannten. Gemeint war damit die Beschäftigung mit der ganzen Fülle an Unterdrückung, Rassismus, Sexismus, der Unterdrückung zwischen den Klassen usw... Wie kommen Christen zu einem politischen Denken, d.h., wie kommen sie zu ihren Entscheidungen im ganzen Komplex sozio-ökonomischer und sozialer Fragen – denn hier lag das Zentrum des Ganzen –?

Nun, freilich – die Mainzer Erklärung von 1982 hat das dann aufgegriffen. Natürlich hatten wir 1980 die Konsultation über Rassismus in Holland. Und im folgenden Jahr 1981 begann der Kirchentag mit jenem gewaltigen Druck auf den Frieden hin, und Ihr dürft die Wirkung von all dem, und was danach kam, nicht unterschätzen im Blick auf die „détente" in der Welt von heute und Gorbatschows Anwesenheit hier in Deutschland in dieser Woche. Damals kam auch der Vorschlag von oben für einen konziliaren Prozeß. Natürlich wurde er unten aufgegriffen. Aber ich möchte Euch sagen, daß der

„Konziliare Prozeß“ nichts grundsätzlich Neues bedeutet gegenüber dem, wozu wir 1979 als „Konsultationsprozeß“ aufgerufen haben. Genau betrachtet ist es dasselbe. Und weil Ihr seit 1979 daran gearbeitet habt, bekam der konziliare Prozeß bis hin zur Basler Versammlung überhaupt erst eine echte Bedeutung.

Erinnert Euch – 1981/82 haben wir nicht bloß einen „Konziliaren Prozeß“ eingeleitet, nicht bloß ein Palaver mit Banken und anderen transnationalen Gesellschaften geführt, sondern wir haben auch unsere Guthaben von Banken abgezogen. Und hier, in diesem Land, erhielt die EKD von uns einem Brief, in dem sie von unserer Absicht unterrichtet wurde. Dieser Brief, so hieß es später, sei der Aufmerksamkeit der Autoritäten entgangen. Er wurde von ihnen nie diskutiert. Als wir aber dann die Entscheidung trafen, wurden wir von ihnen scharf kritisiert.

Das also waren einige der Ereignisse damals. 1982 hat ein internationales, ein „ökumenisches Team“ dieses Land besucht und gefunden, die Kirche lebe eigentlich in den Gruppen; die Kirche als solche und ihr Status quo wurden in Frage gestellt. Ich habe bis heute von keiner Reaktion auf diese Infragestellung durch die ökumenische Gruppe gehört, die hier auf Besuch war. Und so gingen wir nach Vancouver. Wir kamen heraus mit dem Aufruf zu einem konziliaren Prozeß, in dessen Verlauf wir uns zu einem Bund für Gerechtigkeit, Frieden und Bewahrung der Schöpfung zusammenschließen sollten – und dennoch (wir haben es gestern gehört) haben viele deutsche Delegierte nicht dafür gestimmt. Dieser Sachverhalt bedeutet, daß die Führung in dieser Sache und ihre Durchführung bis Basel im wesentlichen von den Gruppen in diesem Lande übernommen wurde. Und ich denke, wir haben anzuerkennen, daß das „Plädoyer“ von 1979 auf das Basel von 1989 seine Wirkung gehabt hat.

Was das Plädoyer also für uns getan hat: Es hat das Wichtigste an der ökumenischen Bewegung am Leben erhalten, nämlich eine wirkliche Gemeinschaft engagierter Freundinnen und Freunde unterschiedlicher Generationen zu sein. Es hat geholfen, unsere Hand im ÖRK zu stärken. Es hat dazu beigetragen, Millionen in der ganzen Welt ein Gefühl der Hoffnung zu vermitteln. Und dieses Gefühl der Hoffnung hat sich seinen klarsten Ausdruck im KAIROS-Dokument verschafft, das aus Südafrika kam.

Unterschätzt auch nicht, daß das Phänomen „Gorbatschow“ auch aus ökumenischen Impulsen stammt. Unter diesem Blickwinkel möchte ich diesen Ausdruck unserer dankbaren Erinnerung damit schließen, daß ich an Paul Gerhard Seiz erinnere.

Gemeinschaft von Freundinnen und Freunden in den Generationen – „Sukzession"

So kommen wir also zu diesem „GENERATIONEN IM DIALOG – Plädoyer für eine ökumenische Zukunft." Werner Simpfendörfer hat gestern sehr wirkungsvoll und sehr einfallsreich Gebrauch gemacht von der Geschichte der Maria am Grab, der Geschichte der Auferstehung. Nebenbei bemerkt – in der Alten Kirche wurde Maria jahrhundertelang als „Apostolin der Apostel" bezeichnet. Und es ist nur der heutigen feministischen Bewegung zu verdanken, daß die Orthodoxen einräumen, daß das Teil ihrer Vergangenheit ist.

Werner hat daran erinnert – gestern ebenso wie in seinen Veröffentlichungen – daß ich, als ich bei dem Treffen in Cartigny 1984 sprach, sagte, ich ginge nach Hause, um die jungen Menschen zu mobilisieren. Als ich nämlich 1948 im Namen der Jugend auf der Vollversammlung in Amsterdam sprach, lenkte ich die Aufmerksamkeit auf eine andere Wirklichkeit. Ich sprach zur Vollversammlung über Pfingsten – als Petrus aufstand. Und wie ihr wißt, ist das Wort aufstehen gleichbedeutend mit Auferstehung. Anastasis. Das Auf-stehen. Wer skandinavische Sprachen kennt, weiß, daß Auferstehung „upstanding" heißt. Upstanding, aufstehen – er stand auf. Das war die Zeit des Heiligen Geistes. Ihr erinnert Euch – Petrus zitiert aus dem Buch Joel: „In den letzten Tagen wird der Geist kommen. Und die Alten werden Träume träumen und die Jungen werden Visionen haben und Männer und Frauen, auch die männlichen und weiblichen Sklaven, so daß Alt und Jung, Mann und Frau, alle in ihren unterschiedlichen Klassen beisammen sind, zusammengehalten vom Geist." Das war der Anfang der Kirche. Das war der Sinn der Kirche. Und genau das hat die ökumenische Bewegung aufgegriffen.

Meine eigene Geschichte spielt in der Generationen-Situation zwischen – sagen wir – den dreißiger und den achtziger Jahren. Meine eigene Geschichte begann mit dem Kennenlernen von John Mott und anderen. Und – o ja! – John Mott seinerseits reicht zurück bis 1880, da hat er junge Menschen mobilisiert, 1885 gründete er den Christlichen Studentenweltbund. 1910 hat er – ein Laie! – der Konferenz in Edinburgh über Weltmission präsidiert. In Amsterdam sprach er über die „Sukzession" unter Menschen – die Abfolge der Generationen, die uns dahin gebracht haben, wo wir heute sind. Und er appellierte an meine Generation, die Fackel zu übernehmen.

Ich erinnere mich sehr gut an meine Beziehung zu George Bell seit damals und daran, wie eine kleine Gruppe, zu der auch ich gehörte, mit ihm an einem „Plädoyer" arbeitete. Es war ein Appell an die Kirchen des Jahres 1954, den Eisernen Vorhang der Polarisierung zwischen Ost und West zu durchstoßen und einen neuen Weg zu eröffnen. Bell gab mir die Möglichkeit, mit ihm im Formulierungs-Ausschuß weiterzuarbeiten, bis diese Grenzen zerbrächen – und heute beginnen wir, die Früchte zu sehen. Ich erinnere mich auch sehr wohl daran, daß seine Lieblingsstelle in der Bibel Lukas 17,10 war: „Wenn Ihr getan habt alles, was Euch befohlen war, so sprecht: Wir sind unnütze Knechte. Wir haben getan, was wir zu tun schuldig waren."

Er erzählte mir, er habe das von Nathan Söderblom übernommen – noch eine andere Generation, Gründer der Ökumenischen Bewegung „Glaube und Leben" nach dem 1. Weltkrieg. Ich erinnere mich auch daran, daß es in meiner ersten Sonntagsschul-Klasse 1944 in Jamaica genau dieser Vers war, den wir besprachen und den ich damals zu meinem Motto machte.

So gibt es da also diese Generationen – die Generation eines Söderblom, eines Bell und meiner selbst und andere, die die ökumenische Aufgabe so betrachteten, daß wir zwar „unnütze Knechte" waren, aber getan hatten, was wir zu tun schuldig waren, und niemals aufgaben. Hier also liegt der Ansatz, daß wir diese Generationen, die für eine ökumenische Zukunft plädieren, miteinander ins Gespräch bringen. Darin liegt die Aufgabe unserer Gemeinschaft von Freundinnen und Freunden in den unterschiedlichen Generationen.

Wider den Mangel an Geschichtsbewußtsein

Wenn wir aber von „ERINNERTER ZUKUNFT" sprechen – wovon reden wir da? Der Alttestamentler von Rad hat uns gelehrt, das Deuteronomium sei das Neu-Schreiben der Geschichte Israels, und das Wort „erinnern" kommt in diesem Buch ständig vor. Es ist ein Zurück-Rufen, eine Hilfe dazu, die Geschichte noch einmal zu durchdenken.

Nun – in den über 33 Jahren, die ich in Europa zugebracht habe, bin ich auf ein spezielles Problem gestoßen: nämlich auf den unglaublichen Mangel an Geschichtsbewußtsein, besonders in diesem Land hier! Es existiert ein bestimmtes a-historisches Verhältnis zum Leben. Ranke hat uns beigebracht, daß **Geschichte** das ist, was sie **ist** – sie **war nie**, sie **ist** einfach. Sie war immer etwas, was wir zu interpretieren hatten auf unserem Weg, und so wurde sie interpretiert von denen, die die Geschichte nach ihrem Muster zu gestalten wußten.

Denkt nur einmal darüber nach, daß z.B. in diesem Land 1884 in Berlin die „Berliner Konferenz" stattfand. Die „Berliner Konferenz" war zuerst einmal das Ergebnis der inneren Kolonisierung dieses Landes durch Preußen. Sie war das Ergebnis der zweiten industriellen Revolution in diesem Land, wo die chemische Industrie, die Kunststoff-Industrie etc. die zweite industrielle Revolution hervorbrachten. Die dritte kam dann mit dem Computer und der Elektronik. So wurde Deutschland zur führenden Industrienation Europas. Es war die Zeit, in der man in Berlin vom Wettlauf um Afrika sprach, von der Konsolidierung der Herrschaft des Wirtschaftsimperialismus über Lateinamerika durch Europa, später der Vereinigten Staaten und vom aufkommenden Imperialismus der USA.

Vergeßt auch nicht – es war die Zeit, in der, ausgehend von diesem Land, der Genozid an Völkern folgte,: vor allem der Hereros, aber auch in Tanzania, auch in Kamerun und Togo. Die Menschen hier haben das vergessen, aber die Menschen dort haben es nie vergessen – und sie sahen eine direkte Linie zwischen damals und Auschwitz.

Kommen wir also von dort zum Treffen von Stuttgart 1945. Wir haben heute morgen gehört, daß „Stuttgart" die Zeit gewesen sei, „in der wir von der Ökumenischen Bewegung gelernt haben". Aus der Versöhnung kommt die Anerkennung der Konflikte, kommt die Anerkennung der Feindschaft, die Anerkenntnis all dessen, was geschehen war – und dennoch, im Lichte von 1918 die Bereitschaft zur Erkenntnis, daß wir vor Gott alle verantwortlich sind, wir alle Gottes Erlösung sehen und darum einander sehen müssen als solche, die Gott geschaffen hat, um sein Bild neu zu erschaffen für ein neues Leben, für einen neuen Anfang miteinander. Dennoch mußten wir heute morgen hören, daß die „Erklärung von Stuttgart" im letzten Jahr „1945" vergaß.

Darum muß es zu einer gewaltigen Anstrengung kommen, damit Menschen verstehen lernen, warum wir in unserer Geschichte an diesen Punkt gelangt sind. Damit verbindet sich die umfassende Notwendigkeit, daß wir uns eine neue Sicht unserer Geschichte aneignen. Dazu eine Nebenbemerkung: Das Aschenbrödel („Cinderella") unserer theologischen Fakultäten ist die Kirchengeschichte! Wir müssen uns an diese Seite des ökumenischen Lernens machen, denn sie gehört zum ökumenischen Lernen. Was haben wir denn seit „Stuttgart 1945" und in der ökumenischen Bewegung gelernt? Inwieweit ist das Teil der theologischen Ausbildung und des kirchlichen Unterrichts geworden?

An dieser Stelle können die Generationen einander (in einer gewaltigen Anstrengung) helfen, die Menschen zum Lernen zu befähigen, das zu lernen, was wir ringsum auf der Welt gelernt haben und dadurch in den Stand gesetzt werden, Schritte zu tun, mutige Schritte in die Zukunft.

Das Grundproblem: die Frage der Wirtschaft

Damit komme ich zu meinem nächsten Punkt – der Frage, wohin wir gehen. Wie lauten die Zeichen der Zeit? Hier möchte ich einen Punkt ansprechen, der sich für mich nicht nur aus meiner jahrelangen Erfahrung mit der ganzen Welt ergeben hat, sondern ganz speziell während der letzten vier Jahre, als ich in die Karibik und nach Jamaica zurückkehrte.

Meine lieben Freundinnen und Freunde, das Problem sind nicht die vielen Millionen Menschen auf der Welt, das Problem sind wir. Die vielen Millionen Menschen auf der Welt heute erheben sich. Sie nehmen die Dinge nicht länger passiv hin. In Jamaica beispielsweise gibt es siebzig Prozent der Menschen, die mehr oder weniger ohne Bürgerrechte leben – bis zum Augenblick der Wahlen. Wir haben dreißig Prozent, die dem Mittelstand angehören, wobei fünfundzwanzig Prozent dieser Mittelklasse zur „konstantinischen" Schicht gehören, d.h. zu jenen, deren ganzes Interesse der Zugehörigkeit zu Eurem Sicherheitssystem gilt. Und dann gibt es die fünf Prozent derjenigen, die immer wissen, wo sie ihre Gelder anlegen müssen und wie sie dem Netz entkommen können.

Was ich aber entdecke, ist dies: die siebzig Prozent in Jamaica brauchen keine politische Alphabetisierung. Sie spüren in ihren Knochen und aus ihrer Geschichte, wo die Probleme liegen. Und wenn sie eine Gelegenheit bekommen, dann reden sie auch. Ihr werdet die gleiche Entdeckung machen, wenn Ihr Euch in der Welt umseht – gerade jetzt wieder in China –, und erkennen, daß die Menschen wirklich alles sehen. Nicht sie sind das Problem, sondern die unter uns, die sich sicher fühlen und dabei Angst haben. Wenn wir also vor diesem neuen Faktor stehen, lautet die Frage, wie wir damit umgehen, wie wir auf diese Massen hören, wie sie gestärkt werden. Denn sie befinden sich in einem Zustand des Widerstandes – manchmal eines inneren und manchmal eines explosiven. Sie gehören zum **Widerstand**, sie **stehen**, sie lassen sich nicht länger herumschubsen.

Daraus ergeben sich aber zwei Probleme: Erstens: Wo stehen wir in Sachen „Demokratie"? Wir haben in diesem Land eine Christlich-Demokratische Partei und dann gibt es – wie heißt sie? – eine liberale Partei. Ist sie auch demokratisch? Ja, ja – und natürlich haben wir eine Sozialdemokratische Partei. Und wir haben die Deutsche Demokratische Republik. Aber wenn Ihr Euch das alles anschaut, werdet Ihr merken, wie sehr wir ein radikales Neu-Durchdenken brauchen, ein Experiment im Blick auf das, was wir unter ‚Demokratie' verstehen, die Lincoln für uns definiert hat – obwohl er selbst weit davon entfernt war, demokratisch zu sein – als „Regierung des Volkes, durch das Volk, für das Volk". Was wir haben, ist eine Karikatur von Demokratie und Wahlen sind Rituale ohne Bedeutung.

Was wir haben, ist der Götze einer Nationalen Sicherheit, die von niemand Geringerem befestigt wurde in diesem Lande als der SPD. Und was wir sehen müssen, ist folgendes: Wie kommen wir zu einem Umdenken, nicht nur intellektuell, sondern auch im Handeln gemeinsam mit unseren Basis-Gruppen, von den Dörfern bis in die städtischen Wohngebiete hinein, und mit all denen, die bei uns wohnen? Wie kann es dazu kommen, daß alle unsere Gruppen und Netze zu Instrumenten der Demokratisierung in unseren Gesellschaften werden?

Die andere Seite dessen ist eine Frage, die immer wieder auftaucht: nämlich unsere Ekklesiologie, unser Verständnis von Kirche. Ich finde, die Reformation hatte ihren eigentlich schwachen Punkt darin, daß sie keine wirkliche Theologie der Kirche entwickelt hat. Sie erreichte einen bestimmten Punkt, über den sie nicht hinausging. Sie war, was die Kirche betraf, nicht wirklich konsequent. Wurde sie wirklich reformiert? Wie können wir dann aber über die ecclesia semper reformanda sprechen? Hier stellt sich uns also ein doppeltes Problem: daß unsere Kirche, wie sie seit Luther existierte, die Frage nach Wesen und Funktion der Kirche keineswegs radikal genug stellte. Ihre Theologie – ja! Aber die Theologie fand bei genauerem Zusehen im Wesen der Kirche keine Verleiblichung. Und darum fällt es uns so schwer, die Frage der Kirche als einer ständig zu reformierenden aufzugreifen. Also müssen wir damit ganz von vorne anfangen.

In den sechziger Jahren haben wir die Studie über die „Missionarische Struktur der Gemeinde" entwickelt. Werner spielte dabei eine führende Rolle. Ich erwähne sie, weil heute morgen die Rede von der „Kirche für andere" war. Genau damit kamen wir damals heraus. Etwa um die gleiche Zeit veröffentlichte das II. Vatikanische Konzil die „Dogmatische Konstitution über die Kirche" und hatte den Mut, bereits im ersten Satz davon zu sprechen, die Kirche sei das Volk Gottes, das ganze Volk Gottes, das zur Gemeinschaft berufen sei, berufen dazu, das Licht der Welt zu sein. Karl Rahner hat uns daran erinnert, daß sie, als sie das formulierten, die Vorstellung gehabt hätten von der Kirche als einem Provisorium, als unterwegs, in via. Trotzdem hat der zweite Teil derselben Konstitution das I. Vatikanum bestätigt und damit die Unfehlbarkeit des Papstes. Aber in allen nachfolgenden Gesprächen zwischen der Römisch-Katholischen Kirche und anderen Kirchen ging es immer um den ersten Teil. Als dann aber Rom antworten sollte, antwortete es immer auf der Grundlage des zweiten Teils.

Wir sitzen also alle im selben Boot. Nicht wahr – wir denken an „Ökumene" im Sinne der Bewegung; wenn es aber ernst wird, siegt der Status quo. Und darum müssen wir nachstoßen und immer wieder mit aller Kraft darauf drängen, was wir meinen, wenn wir von der „Kirche für andere" und ihrer Erneuerung reden, was wir meinen mit dem „ganzen Volk Gottes", was wir meinen mit „Partizipation", was wir meinen mit „Pfingsten" – der Vision, die Petrus hatte als eine Vision, wo alle miteinander engagiert sind im Priestertum aller Gläubigen.

Ich möchte damit schließen, daß ich das Thema aufgreife, das Bärbel (von Wartenberg-Potter) in ihrem letzten Beitrag angeschnitten hat. Die Menschen stehen auf – aber wofür stehen sie auf? Euch hat der Atomkrieg beschäftigt, aber die Menschen auf der ganzen übrigen Welt waren seit 1945 andauernd Kriegen ausgeliefert. Ich habe an die Millionen und Millionen erinnert – aber mehr als sechzig Prozent aller Atomwaffen auf der Welt sind nicht in Europa stationiert, sondern im Pazifik und dieser ganzen Region.

Wir reden über Ökologie, und Ihr seid beim ökologischen Thema sehr engagiert. Aber wir in der Dritten Welt wissen sehr genau, wie es zum ökologischen Problem kam. Wir wußten das, seit die Spanier zu uns kamen – die Art, in der sie das Land zerstört haben bei ihrer Suche nach Gold und all dem Zeug und uns Wüsten hinterließen. Wir kannten die ökologische Frage durch die ganze Art und Weise, in der wir ruiniert wurden, nur um Euer kapitalistisches und industrielles System hier in Gang zu bringen. Darum, bitte: Wenn Ihr uns vorhaltet, wir seien an der ökologischen Frage nicht so interessiert wie Ihr, dann erinnert Euch daran, daß wir sie seit mehr als 500 Jahren durchlebt haben.

Worum geht es also? Was wir sicher wissen, ist, wo das Grundproblem liegt – es ist die Frage der Wirtschaft. Hier liegt das

Grundproblem. Während meiner ganzen Beziehungen mit der EKD war das ständig der Punkt, an dem sie sich auf all ihre gewaltigen Gebäude theologischer Aussagen beriefen, indem sie z.B. sagten: Wir müssen alle zusammenhalten, die ganze Herde, usw. usf. Oder: Wir sind es doch, die Euch die Mittel zur Verfügung stellen, nicht wahr. Aber im Klartext war es immer die „Deutschmark" – und die D-Mark hatte natürlich auch damit zu tun, daß Deutschland heute, jedenfalls im Westen, wirtschaftlich die drittstärkste Macht der Welt ist. Aber auf welcher Basis seid Ihr so mächtig? Ist das nur Eure berühmte „Leistung"? Ja. Ihr kennt die Basis im Blick auf Euer Engagement in der ganzen Welt – gerade hier, in Württemberg ist doch jetzt die ganze wirtschaftliche Macht konzentriert. Ihr wißt ganz genau, was vorgegangen ist. Und natürlich erklärte letztes Jahr beim ökumenischen Hearing zur Schuldenkrise in Berlin der offizielle Vertreter der Bundesregierung, das ökonomische und monetäre System auf der Welt sei o.k. Es ist o.k., weil Deutschland o.k. ist. Und dennoch ist Deutschland tief verwickelt in die Probleme, denen sich unsere Welt heute gegenüber sieht.

Meinen Kenntnissen und meiner Erfahrung nach – bei UNCTAD selbst oder aus meinen Gesprächen mit Helmut Schmidt unmittelbar nach der Nairobi-Konferenz – hat Deutschland jede Veränderung der Handelspreise verhindert.

Und hinter all dem Gerede hat sich Deutschland nicht einen Millimeter bewegt hin auf einen Durchbruch im ganzen Bereich des Schuldenproblems oder im Blick auf ein neues ökonomisches und monetäres System auf der Welt. Darum habt Ihr Eure Aufgabe klar vor Euch, und 1992 bedeutet für mich nur, daß dann alle Zwölf in dieses System verstrickt sind. In diesem Sinne müssen wir das Ganze gemeinsam betrachten.

Beim Zentralausschuß 1980, der nach dem „Plädoyer" von 1979 zusammentrat, habe ich in meinem Rechenschaftsbericht ein Wort aufgegriffen, das mir einst Ernst Lange geschrieben hatte. Als wir nämlich 1973 das 25jährige Jubiläum des ÖRK feierten, schrieb ich einen Brief an Freunde aus der ganzen Welt, um zu fragen, was sie von der ökumenischen Bewegung hielten, wohin wir uns bewegten und was wir tun sollten. Aus diesen Antworten heraus entstand meine erste Ansprache vor dem Zentralausschuß als Generalsekretär, und Ernst Lange hatte damals, wie so oft, den Finger auf den wunden Punkt gelegt: Die ökumenische Bewegung muß eine Bewegung der Kommunikation unter uns werden! Und das benutzte ich als Hauptthema, denn „Kommunikation", – „Kommunität" – „Kommunion" – „Kommune" (common) – das alles gehört zum gleichen Wortstamm.

Es kommt aus einer lateinischen Wurzel, die ihrerseits aus dem Sanskrit-Wort mu stammt, und das heißt soviel wie binden, zusammenbinden, miteinander teilen. Wir wissen, das entsprechende griechische Wort heißt koinonia. Betrachtet man es vom Standpunkt der Griechen – eines Plato oder eines Aristoteles – aus, dann bedeutet koinonia die Möglichkeit für sie, das Leben in der Stadt miteinander zu teilen. Sie kannten aber auch die Feinde der koinonia – zwei Worte: „idios" (Individualismus!), wovon natürlich der Idiot kommt. Das andere Wort für den Feind der koinonia war „pleonexia" – sich einverleiben, immer mehr haben wollen, womit wir natürlich eine perfekte Beschreibung des Kapitalismus des freien Unternehmertums vor uns haben, des Systems des „Freien Marktes".

Wir andererseits sind hineingerufen in die Gemeinschaft des Heiligen Geistes – in die Solidarität. Wir leben im Kommunikationszeitalter. Man spricht von der Ära der Kommunikation. Aber welcher Art ist diese Kommunikation? Die Massenmedien sind fieberhaft damit beschäftigt, uns auf dem Stand von Idioten zu halten und von solchen, die dem Pfad der pleonexia folgen. Wo können wir in diesem Zeitalter die Gegeninformation einfüttern? Wir sind dazu berufen, ein gemeinsames, ein „kommunes" Leben zu führen. Aber wo finden wir uns vor? Im Gemeinsamen Markt. Und was bedeutet das: Gemeinsamer Markt?

Jetzt möchte ich doch mit diesem Wort von der „Ökonomie" schließen. Wie Ihr wißt, ist das Wort „Ökonomie" im Griechischen ein völlig biblisches Wort. Aber Ihr werdet entdecken, daß dieses Wort in keiner Sprache mit dem Begriff „Ökonomie" übersetzt wurde. Gottes Ökonomie, alle Dinge zu umfassen, alle Dinge in Christus zusammenzufassen (Matthäus verwendet „oikonomos" – „economist" – „Haushalter") wurde nie im originären Sinn verwendet. Ich habe bei meinen Studien tatsächlich herausgefunden, daß die frühen Kirchenväter noch über die „Ökonomie" der Trinität sprachen, und zwar taten sie das bis zu dem Zeitpunkt, als Konstantin kam. Sobald die Kirche zum Teilhaber der Macht wurde, fiel das Wort „Ökonomie" in dem Sinne fort, daß das die Art und Weise ist, in der sich Gott selbst darstellt in seiner sich selbst hingebenden Liebe, als gerechter Gott, als der, der in Christus Frieden macht, als der, der dem Schöpfer-Geist Integrität verleiht. Und erst viele Jahrhunderte später wurde im Protest gegen das ganze byzantinische Imperium durch Chrysostomus und die kappadozischen Väter ein neuer Begriff eingeführt, wenn man von der Trinität reden wollte: die „Ko-inhärenz". Der Gedanke des Aneinander-Haftens, kohärent und ko-inhärent zu sein, um auszudrücken, daß Gott uns beruft in eine Gemeinschaft wirklichen Teilens und Füreinander-Sorgens, in eine Gemeinschaft, in der die Wahrheit er-öffnet wird, der Feind und die falschen Wirklichkeiten aufgedeckt werden und in der niemals aufgegeben wird.

Das Wort, mit dem ich meine Rede vor dem Zentralausschuß 1980 (nach der Entstehung des PLÄDOYER!) schloß, war ein Wort Blumhardts: Es war der Aufruf zum ständigen Gebet um die Kraft zum Widerstand.

(Übersetzung: Werner Simpfendörfer)

Ilse Junkermann

NACH DER KONFRONTATION DIE STÄRKUNG

Textmeditation über Joh 21, (2-)15-17 zum Abschluß der PLÄDOYER-Versammlung

Zur Texteinführung (Gerd Klatt)

Fast ein post-moderner Text: eine Komposition aus lauter Zitaten, zumal wenn wir unsere Assoziationen auf den Erzählstoff aller Evangelien erstrecken:

Der „Fischzug des Petrus" klingt an, damals, als Petrus Jesus das erste Mal begegnete – eine Nacht lang auf dem Meer, ohne etwas zu fangen, und dann der überreiche Fischfang auf Jesu Wort hin; die Berufungsgeschichte.

Die Begegnung mit Jesus auf dem unruhigen Meer, als Petrus eine Bestätigung haben wollte, daß es Jesus war, der ihnen auf dem Meer entgegenkam, und fast ertrunken wäre.

Das Bekenntnis des Petrus.

Die verschiedenen Speisungsgeschichten, die der 5000 – Brot und Fische –, aber auch jenes Mahl, das das letzte war zwischen Jesus und seinen Jüngern.

Warum noch einmal all diese alten Geschichten, die zusammengefügt eine neue Wundergeschichte begründen?

Wir sind noch immer in der Situation des Grabes. Den Hoffnungen, die die AnhängerInnenschar Jesu entwickelt hat, als sie mit Jesus durch das Land zog, ist jäh ein Ende gesetzt. „Alltag", nicht „ökumenische Utopie" heißt das Gebot der Stunde. So sind die Jünger zurückgekehrt an ihren angestammten Ort, sind wieder das, was sie schon immer waren: Fischer.

Doch hier, in der Situation des zurückgekehrten Alltags, geht die Geschichte neu los. Was Johannes uns so wundersam zusammengefügt erzählt – können wir es als einen Schulungskurs für die JüngerInnenschaft unter den Bedingungen der Autonomie lesen, für das Leben der Gemeinde, die nicht mehr aus der direkten Begegnung mit ihrem Herrn leben kann?

Zwischen Alltag, Status quo und Utopie unter den Bedingungen der Autonomie werden wir durch diesen Text zur Erinnerungsarbeit angehalten:

Es waren beieinander Simon Petrus und Thomas, der da heißt Zwilling, und Nathanael von Kana in Galiläa und die Söhne des Zebedäus und andere zwei seiner Jünger. Spricht Simon Petrus zu ihnen: Ich will fischen gehen. Sie sprechen zu ihm: So wollen wir mit dir gehen. Sie gingen hinaus und traten in das Schiff und in derselben Nacht fingen sie nichts. Als es aber schon Morgen wurde, stand Jesus am Ufer, aber die Jünger wußten nicht, daß es Jesus war. Spricht Jesus zu ihnen: Kinder, habt ihr nichts zu essen? Sie antworteten ihm: Nein. Er aber sprach zu ihnen: Werfet das Netz zur Rechten des Schiffs, so werdet ihr finden. Da warfen sie und konnten's nicht mehr ziehen vor der Menge der Fische. Da spricht der Jünger, welchen Jesus liebhatte, zu Petrus: Es ist der Herr! Da Simon Petrus hörte, daß es der Herr war, gürtete er den Rock um, denn er war nackt, und warf sich ins Meer. Die anderen Jünger aber kamen mit dem Schiff, denn sie waren nicht fern vom Lande, sondern bei zweihundert Ellen und zogen das Netz mit den Fischen. Als sie nun ausstiegen auf das Land, sahen sie Kohlen gelegt und Fische darauf und Brot. Spricht Jesus zu ihnen: Bringet her von den Fischen, die ihr jetzt gefangen habt! Simon Petrus stieg hinein und zog das Netz auf das Land voll großer Fische, hundertdreiundfünfzig. Und wiewohl ihrer so viel waren, zerriß doch das Netz nicht. Spricht Jesus zu ihnen: Kommet und haltet das Mahl! Niemand aber unter den Jüngern wagte ihn zu fragen: Wer bist Du? Denn sie wußten, daß es der Herr war. Da kommt Jesus und nimmt das Brot und gibt's ihnen, desgleichen auch die Fische. Das ist nun das dritte Mal, daß Jesus offenbart ward den Jüngern, nachdem er von den Toten auferstanden war (Joh 21,2-14).

„Wir klagen uns an, daß wir nicht brennender geliebt haben" – ein Satz, der 1945 für deutsche Christen die Tür zur Ökumene öffnete. Eine Selbstanklage, die die schmerzende Erinnerung im Zwielicht des Morgens vorwegnehmen wollte und sie schnell hinter sich ließ? Ostern für Petrus, den Fels: ein ganz anderes Ostern als für Miriam, die Widerspenstige.

Ja, auch am Morgen, aber für Petrus ist es noch nicht ganz Morgen: „als es aber schon Morgen **wurde**, stand Jesus am Ufer."

Im Zwielicht des Morgens holte den Fels Petrus seine Geschichte mit Jesus ein, im Zwielicht des Morgens, der auf seine ersten Schritte zurück in seinen alten Alltag folgt. – Nicht auf der Suche nach dem

Gekreuzigten ist er, nach der Leiche, nein „das Leben muß weitergehen" – ?

Der Auferstandene hält diese Lebensart auf. Er stellt sich ans Ufer des Sees des besinnungslosen Weiterleben-, Weitermachenwollens. Für Petrus mag dieser Morgen wie ein Alptraum gewesen sein: kein Stochern im Nebel. Im Zwielicht des Morgens begegnet ihm der wieder, für den er so begeistert, so mutig, so engagiert, so hingabebereit sein wollte. Ein Ostermorgen, der mit schrecklicher Konfrontation beginnt: Sein Versagen zieht an seinen Augen vorbei. Alles geschieht mit wenigen, alltäglichen Worten: „Kinder, habt Ihr nichts zu essen?" Ihr, die Ihr als so mutige Männer Menschenfischer sein wolltet – Kinder, Euch fehlt das Nötige für Euch selbst!? Wovon nährt Ihr Euch? Woher wollt Ihr Eure Kräfte bekommen? Nach erfolgloser Arbeit in der Nacht – wohin, womit wollt Ihr aufbrechen, wenn Ihr selbst nichts zu essen habt? Sie werden zurückgeschickt: Lernt wieder Euch erst einmal selbst zu versorgen. Nach erfolgreicher Rückkehr – die vollen Netze öffneten die Augen für den mütterlichen Fremden – ist alles schon bereit: Fische und Brot auf dem Kohlenfeuer. Laßt Euch stärken. Ihr Starken, auch mit vollen Netzen habt Ihr nötig, am Kohlenfeuer zu essen, das ein anderer gelegt hat. Laßt Euch umsorgen, im Zwielicht des Morgens, der kältesten Stunde des Tages.

Als sie nun das Mahl gehalten hatten, spricht Jesus zu Simon Petrus: Simon, des Johannes Sohn, hast du mich lieber, als mich diese haben? Er spricht zu ihm: Ja, Herr, du weißst, daß ich dich liebhabe. Spricht Jesus zu ihm: Weide meine Lämmer! Spricht er zum zweiten Mal zu ihm: Simon, des Johannes Sohn, hast du mich lieb? Er spricht zu ihm: Ja, Herr, du weißt, daß ich dich liebhabe. Spricht Jesus zu ihm: Weide meine Schafe! Spricht er zum dritten Mal zu ihm: Simon, des Johannes Sohn, hast du mich lieb? Petrus ward traurig, daß er zum dritten Mal zu ihm sagte: Hast du mich lieb? und sprach zu ihm: Herr, du weißt alle Dinge, du weißt, daß ich dich liebhabe. Spricht Jesus zu ihm: Weide meine Schafe! (Joh 21,15-17)

Dann, nach dem Mahl erst, kommt die Hinwendung, von Angesicht zu Angesicht, die Frage: „Simon, des Johannes Sohn, hast du mich lieb?" O ja, er hatte Jesus geliebt, brennend geliebt, wollte sein Leben lassen – zu brennend geliebt?

Bevor Petrus aufbrechen kann auf den Weg des auferstandenen Gekreuzigten, begegnet er seiner vergangenen Begeisterung für den Freund der Armen; begegnet seinem vergangenen Mut für den bedrohten Herrn am Abendmahlstisch, seinem Scheitern sogar im alten Alltag des Fischens in der Nacht. Wie kann er **ihm** unter die Augen kommen? Auf jeden Fall nicht nackt – bewegt ihn die Furcht, Blöße zu zeigen, wo doch vor dem mütterlichen Herrn alles offen liegt: Kinder, habt Ihr nichts zu essen?

Nach der Konfrontation – die Stärkung; dann, erst dann, nach dem Mahl, die Frage: Hast Du mich lieb?

Petrus, Kirche muß Kirche bleiben; ja, aber laß dich fragen: Hast Du mich lieb?

Simon, des Johannes Sohn, Mensch in deiner gewöhnlichen Geschichte (des auserwählten Volkes Israel) laß dir sagen: Kirche kann Kirche werden: Hast du mich lieb? Diese Frage schärft das Gewissen, das eigene, bevor es vom parteilich brennenden Herzen aus teilnimmt am großen Streit. Die Liebe ist gefragt, die den Streit verschärft, weil sie nicht **nur** an Prinzipien hängt.

Simon, des Johannes Sohn, du alltäglicher Mensch mit deiner Geschichte der gestolperten unkonkreten Begeisterung und des lautlosen Rückzugs in die uneindeutige Nacht: Hast du mich lieb? Die Frage, die die Analyse der herrschenden Verhältnisse schärft und ins Herz treffen kann. Weide meine Schafe: Sorg, daß sie zu essen finden, und kämpfe gegen die Feinde! Du kannst mich lieben, das ist genug; mehr ist von Übel. Ich mute und ich trau's dir zu.

„Als es aber schon Morgen wurde, stand Jesus am Ufer: Kinder habt Ihr nichts zu essen?“ Kein anderer Ort, kein mühsames Alibi-Dasein ist gefragt, nur der Ort, wohin uns gewöhnliche Menschen die Frage führt „Hast du mich lieb?“, wo auch immer, in jedem Fall: ein konkreter und eindeutiger Ort des entschiedenen Handelns.

TEIL B

DOKUMENTE

ZUR EINFÜHRUNG
(Gerd Klatt)

Will man die Arbeit des PLÄDOYERS in Dokumenten erfassen, liegt es nahe, sich an die fünf „großen" Erklärungen zu halten, in denen die Arbeit schriftlich manifestiert ist. Was das PLÄDOYER wollte und will – in einer Formulierung von 1982: „... ökumenische Erfahrungen für die Arbeit deutscher Kirchen fruchtbar zu machen, die Arbeit des Ökumenischen Rates mitdenkend zu begleiten, Beiträge aus den Erfahrungen von Gruppen und Gemeinden in das Gespräch zwischen den Kirchen einzubringen" – ist gut an ihnen abzulesen.

Zugleich sind sie darin symptomatisch für die Arbeit des PLÄDOYERS, daß ihnen **allen** eine ökumenische Herausforderung voranging, daß sie **alle** eine Aufnahme von Anfragen – und eine Reaktion darauf – darstellen, die aus der ökumenischen Gemeinschaft an die Kirchen und ChristInnen in der Bundesrepublik gerichtet waren: Nachdem die „Ursprungserklärung", das „Plädoyer für eine ökumenische Zukunft" von 1979, auf die Bitte Philip Potters, in den Konsultationsprozeß über die Fortführung des PCR in den 80er Jahren einzutreten, reagiert hatte, galt es Ende 1980, das Ergebnis des Konsultationsprozesses aufzunehmen, daß das Programm verstärkt und zugespitzt werden müsse auf die Frage, „wie man in den 80er Jahren den Rassismus in den eigenen Reihen und dem eigenen Lebensraum am besten bekämpfen kann". So schrieb der „Fortsetzungsausschuß" das „Plädoyer" fort zu einem „Programm zur Bekämpfung des Rassismus für die Bundesrepublik Deutschland" (1981). Ein Text, der als Text von 1981 (!) heute bei dem Stellenwert, den Ausländerfeindlichkeit sowie alte und neue Nationalismen gegenwärtig in der Politik haben, mit großer Spannung zu lesen ist.

Zeitgleich setzten Überlegungen ein – auch im Kontext der stark werdenden Friedensbewegung in der Bundesrepublik, was es für die deutschen Kirchen bedeutet, daß sich im Antiapartheidskampf in Südafrika selbst deutliche Konturen einer Bekennenden Kirche im erweiternden Rückgriff auf die deutschen BK-Erfahrungen herausbildeten. „Wie verhalten wir uns (z.B. nach dem Beschluß des Lutherischen Weltbunds, in der Apartheid-Frage den Status confessionis auszurufen, nach dem Synodalbeschluß der American Lutheran Church für einen Investitionsrückzug und vor allem herausgefordert durch das Entstehen einer ‚schwarzen, militanten, bekennenden Kirche' in Südafrika) zur Frage eines aktuellen Bekenntnisses (in welcher Gestalt?) in unserer Kirche und in unserem Land? Wie haben wir ein Nein auszusprechen, damit wir das Ja zur Einheit der Kirchengemeinschaft nicht verschleiern oder zerstören?", war neben der Arbeit am bundesdeutschen Antirassismus-Programm die Leitfrage für die zweite Zusammenkunft der UnterzeichnerInnen und KritikerInnen des PLÄDOYERS im November 1980 (eine erste Zusammenkunft hatte im Februar 1980 stattgefunden). Das Ergebnis ist nachzulesen in der dritten, von Martin Stöhr formulierten Erklärung „Lebendiges Christusbekenntnis heute" (1981).

Die ökumenische Herausforderung hinter der „Mainzer Ökumenischen Erklärung" 1982 war das bevorstehende ökumenische Großereignis des Jahres 1983, die 6. Vollversammlung des Weltkirchenrates in Vancouver. „Uns ist es vor Vancouver wichtig, zu erkennen und zu erfahren, wo wir zu einem eindeutigeren und verbindlicheren Bekenntnis zum lebensschaffenden Christus und gegen die tötenden Götzen in unserer Welt gelangen können. Dabei erwarten wir von der Ökumenischen Bewegung eines: Sie möge uns wachrütteln, damit wir nicht länger das Leiden der Völker unter Entbehrung und Ungerechtigkeit widerspruchslos akzeptieren oder sogar daraus Nutzen ziehen. Sie möge uns verstehen lehren, daß wir unsere Sicherheit nicht mit dem Preis des Todes anderer erkaufen können. Sie möge uns ermutigen, die Armen unter uns, die Fremdlinge in unserer Mitte nicht zu übersehen.", erläuterte damals Karl-Heinz Dejung für den Fortsetzungsausschuß die Intention der Erklärung und machte deutlich, wie hier die inhaltliche Arbeit des Vorjahrs Früchte trug. Aber auch die ekklesiologischen Reflexionen im Rahmen der PLÄDOYER-Arbeit führte zu Konsequenzen; das PLÄDOYER beschränkte sich nicht mehr darauf, in Richtung des Ansprechpartners „EKD" die kirchliche Öffentlichkeit mit einem Papier zu mobilisieren. Die „Ökumenische Erklärung" ist eingebettet in eine große Versammlung, die Mainzer Ökumenischen Tage vom 16. – 19. September 1982, mit denen ein lebendiger Kommunikationsprozeß eingeleitet wurde zwischen ökumenischen Gästen, den EKD-Delegierten für Vancouver, kirchlichen Institutionenvertretern und engagierten ChristInnen aus Kirchengemeinden und kirchlichen Diensten, aus Gruppen der Frauen-, Friedens- und Ökologiebewegung, aus Kommunitäten und verpflichteten Gemeinschaften, aus Aktionsgruppen für Gerechtigkeit in der Verteilung der Arbeit oder von Gütern, für Menschenrechte hier oder in der Dritten Welt. In fünf Themenkreisen (Frieden stiften; Gerechtigkeit schaffen; Schöpfung erhalten; Menschenrechte durchsetzen; verbindliche Gemeinschaft verwirklichen) haben sie miteinander gearbeitet und damit versucht, der Theorie der

„vier Sozialgestalten der Kirche“ (Nachfolgegruppen, Ortsgemeinden, Regionalkirche, Universalkirche) praktische Gestalt zu verleihen. Die „Mainzer Ökumenische Erklärung“ ist kein direktes Ergebnis der Versammlung, aber die Art und Weise, wie sie das Thema von Vancouver „Jesus Christus – das Leben der Welt“ von theologisch-grundsätzlichen Reflexionen über Konkretionen in Teilbereichen bis zu Selbstverpflichtungen („Für uns heißt das ...“) bearbeitet, deckt sich mit der Anlage und der Gesamttendenz der Mainzer Tage (vgl. dazu die Dokumentation „Ökumenische Tage Mainz 1982“, hrsg. von Reinhard Heinzel im Auftrag des PLÄDOYERS, Mainz 1983).

Es vergingen nach Mainz fast sechs Jahre, bis das PLÄDOYER wieder mit einer großen Erklärung an die Öffentlichkeit ging. Die Zwischenzeit ist gefüllt mit Strukturüberlegungen, wie das PLÄDOYER die in Mainz versammelten Gruppen in ihrer thematischen Breite zusammenhalten und daraus praktische Kirchenreform betreiben kann. Vor manchen gigantomanen Vorstellungen bewahrt, im PLÄDOYER dem von Vancouver ausgerufenen „konziliaren Prozeß“ eine organisatorische Leitungsstruktur für die Bundesrepublik zu geben, blieb es letztlich bei der Organisationsstruktur eines Kreises von Freundinnen und Freunden – mit zwei Versammlungen im Jahr (eine Organisationstagung und eine inhaltliche Schwerpunkttagung), einem Leitungsgremium (Fortsetzungsausschuß) und – neu – einer hauptamtlich besetzten Geschäftsstelle. Diese ist zugleich Teil des „Ökumenischen Büros Wethen“, von dem aus für die Gruppenszene der „konziliare Prozeß“ eine Begleitung und Stärkung erfahren hat und erfährt.

Die Auswertung der Rolle, die die EKD in Vancouver eingenommen hat, auf einer Tagung in Ingelheim im Oktober 1983 vorgenommen und als „öffentliche Stellungnahme“ publiziert, mit dem Vorwurf des Desinteresses hauptamtlicher Mitarbeiter der Kirche an der Weiterbearbeitung ökumenischer Themen, dem Protest gegen die Beteiligung führender Kirchenleute an südafrikanischen PR-Reisen (ein Sachverhalt, den der SPIEGEL jetzt – 1989! – gerade als Sommerloch-Füller benutzt hat) und gegen die Blockierung von Eingaben kirchlicher Dienststellen zur Abschiebungspraxis von Asylbewerbern durch das Bonner Büro der EKD und mit Forderungen, die ungebundenen Zuwendungen an Genf zu steigern und die Gespräche, die die EKD mit im Südafrika-Geschäft tätigen Banken führt, offen zu legen, brachten dem PLÄDOYER viel Ärger ein. Lange Briefwechsel und Gespräche folgten, die in einer Konsultation ökumenisch engagierter Gruppen und kirchenleitender Gremien in der Ev. Akademie Arnoldshain im März 1985, dem „ökumenischen Palaver“, mündeten. Namens des Plädoyers brachte Martin Stöhr „ekklesiologische Thesen" in dieses Gespräch ein, die an anderer Stelle veröffentlicht sind und deshalb in dieser Dokumentation fehlen dürfen (Ökumenisch engagierte Gruppen und kirchenleitende Gremien. Ekklesiologische Thesen – zum Diskussionseinstieg; in: Ökumenisch lernen. Ein Dank an Werner Simpfendörfer, hrsg. von der Ökumenischen Vereinigung der Akademien und Tagungszentren in Europa und dem Leiterkreis der Ev. Akademien in Deutschland, Bad Boll 1985, S.139-144). Sie enden mit dem Satz: „Die ökumenische Bewegung ist die erste Kolonne der Kirchenreform."

Im März 1986 folgte ein zweites „Palaver", in dem diesmal die Verständigung nicht über die direkt ekklesiologische Thematisierung des Verhältnisses von Volkskirche und Gruppen, sondern über die gemeinsame Arbeit an einem Sachthema gesucht wurde. „Was heißt Gerechtigkeit?" war die Leitfrage, unter der die Konsultation zum „konziliaren Prozeß" beitragen wollte. Auf das angesichts des Fehlens der entscheidenden ökumenischen Opponenten in den Kirchenleitungen zweifelhafte Ergebnis beider Konsultationsansätze (beide publiziert in den epd Dokumentationen Nr. 24/1985 und Nr. 19/1986) hat Karl-Heinz Dejung in seinem Vorwort zu diesem Buch schon hingewiesen und einen Bogen geschlagen zum Südafrika-Gespräch mit einer Delegation des Rates der EKD im Mai dieses Jahres, dem der kirchenleitende Ärger über die Beiträge voranging, die das Plädoyer und andere kirchliche Südafrikagruppen beim Besuch einer Delegation hochrangiger kirchlicher Persönlichkeiten des Ökumenischen Rates (WCC Eminent Church Persons Delegation on Southern Africa) in der Bundesrepublik im Januar 1989 vorgetragen haben, unsere Situation in unseren „Widersprüchen im Kampf gegen die Sünde des Rassismus" beschreibend.

In der eigenen Tagungsarbeit nach Mainz 1982 hat das Plädoyer versucht, die bisherigen Arbeitsansätze zu aktualisieren, so mit der Tagung „Perspektiven eines Deutschen Antirassismus-Programms. Die Situation der Ausländer und Asylanten unter uns und die Aufgaben der Kirchen" Anfang 1985, die die Erklärung von 1981 aufnahm. Dabei zeigten sich auch die Grenzen des Plädoyers; die immer bedrängender und bedrückender werdende Lebenssituation von AusländerInnen in der Bundesrepublik erfordert eigentlich ein kontinuierliches alltagspolitisches Engagement für eine „multikulturelle Gesellschaft", zu dem das Plädoyer aber so nicht in der Lage ist. Zu den Schwächen des Plädoyers in seiner Geschichte gehört auch, daß es versäumte, die hochbrisante, in Kooperation mit den Ev. Akademien Arnoldshain und Bad Boll durchgeführte Tagung zur „militärischen Zusammenarbeit zwischen der Bundesrepublik und dem Apartheidsstaat Südafrika und der Verantwortung der Kirchen" im November 1984 mit einer entsprechenden Nacharbeit zu versehen.

Insgesamt trat Mitte der 80er Jahre die kritische Begleitung des „konziliaren Prozesses" in den Vordergrund. Dabei kristallisierte sich immer mehr die Ökonomie als das Grundproblem im konziliaren Dreischritt „Frieden – Gerechtigkeit – Bewahrung der Schöpfung" heraus.

Auch hier war es eine ökumenische Herausforderung, die die Arbeit entscheidend forcierte. Das „KAIROS-Papier" südafrikanischer Christinnen und Christen vom Sommer 1985 verlangte nach einer bundesdeutschen Reaktion, weil, so das Resümee der PLÄDOYER-Jahresversammlung 1986, im KAIROS-Dokument

„– uns eine wesentliche Dimension unserer eigenen, meist verdrängten, Vergangenheit begegnet: die radikale Konsequenz Dietrich Bonhoeffers aus der Barmer Erklärung der Bekennenden Kirche während des Nationalsozialismus,
– sich paradigmatisch für den weltweiten Widerspruch von Reichtum und Armut der Protest der sog. Zweidrittelwelt gegenüber dem dominanten Entwicklungstyp des Nordens artikuliert, der auf Kosten des Südens am Leben erhalten wird.

Das Kairos-Dokument trifft uns also nicht nur bei der Bewältigung eigener Theologie und Kirchengeschichte, es spricht zu uns zudem als Christinnen und Christen, deren Kirchen unbestrittenermaßen vom weltweiten Widerspruch von Hunger und Überfluß am effektivsten profitieren" (Auf dem Weg zu einem bundesdeutschen Kairos-Papier ...!?, PLÄDOYER-internes Papier vom März 1987, S.1).

Herausgekommen ist nach fast zweijähriger Arbeit kein bundesdeutsches Kairos-Papier, weil „es innerhalb der christlichen Gemeinschaften der Bundesrepublik keinen dem Kairosprozeß vergleichbaren Konsensus im Blick auf das Verständnis unserer Situation gibt" (ebd., S.2). Wohl aber ist ein Papier entstanden, das den Zusammenhang von Kirche und Wirtschaft thematisiert und im Blick auf die Folgen für christliches Selbstverständnis und gemeindliche Praxis befragt: „Die Dominanz des Ökonomischen durchbrechen – in Gerechtigkeit investieren. Plädoyer im konziliaren Prozeß".

Diesen Zusammenhang weiter zu präzisieren und praktisch anzugreifen, liegt als Aufgabe vor uns. Sie wird derzeit vom PLÄDOYER wahrgenommen, indem an dem etwas schwächlich geratenen Kapitel zu „Frauen im Wirtschaftsprozeß" weitergearbeitet wird, um die strukturelle Unsichtbarkeit von Frauen im herrschenden Blick auf den Wirtschaftsprozeß zu durchbrechen und deutlich zu machen, welche Schlüsselposition der systematischen Ausbeutung der weiblichen re-produktiven Arbeitskraft in unserer Gesellschaftskonstitution zukommt. Wie nötig eine breite Thematisierung von Frauenunterdrückung ist, zeigt selbst die Art und Weise, wie der ÖRK den Frauen gerecht werden will. Nicht nur mit ungenügender Resonanz hat seine 1988 eröffnete „Frauendekade" zu kämpfen, sondern auch die eigene Zielsetzung steht ihr im Wege. Mit der Einladung an die Mitgliedskirchen, an der „Solidarität der Kirchen mit den Frauen" mitzuwirken, definiert der ÖRK Frauen als Gegenüber der Kirchen, wenn nicht gar als Objekte kirchlichen Handelns – eine Haltung, von der auch das PLÄDOYER selbst nicht völlig frei ist. Die in vielen Landeskirchen aufkommenden Frauengleichstellungsbewegungen allerdings sind ein guter Nährboden dafür, daß hier in den Kirchen doch einiges in Bewegung kommt, mit dem sich ins Verhältnis zu setzen die Lebendigkeit des PLÄDOYERS garantiert.

ÖKUMENISCHE FREIHEIT UND VERANTWORTUNG
PLÄDOYER FÜR EINE ÖKUMENISCHE ZUKUNFT

„Die Deutschen fangen erst heute an zu entdecken, was freie Verantwortung heißt. Sie beruht auf einem Gott, der das freie Glaubenswagnis verantwortlicher Tat fordert und der dem, der darüber zum Sünder wird, Vergebung und Trost zuspricht." (Dietrich Bonhoeffer, Nach 10 Jahren, 1942/43)

Der Beitrag zum ökumenischen Beratungsprozeß

Der Generalsekretär des Ökumenischen Rates der Kirchen (ÖRK) hat im März dieses Jahres die Mitgliedskirchen um Mitarbeit bei dem in Jamaica beschlossenen Beratungsprozeß gebeten, um zu klären, „wie wir unseren Kampf gegen die verschiedenen Formen des Rassismus in den 80er Jahren fortsetzen können". Dabei soll es darum gehen, sich zu vergegenwärtigen, „welche qualitativ neuen Varianten eines offenen oder auch subtileren Rassismus in unseren jeweiligen Kirchen und Gesellschaften zutage treten", Erfahrungen und Vorschläge zur Auseinandersetzung mit diesen Formen des Rassismus einzubringen und eine Reihe von Grundsatzproblemen weiter zu klären, „die sich – insbesondere im Hinblick auf das Südliche Afrika – wiederholt gestellt haben und noch ausdiskutiert werden müssen". Mit unserem Memorandum möchten wir dazu mithelfen, daß die Evangelische Kirche in Deutschland (EKD) zu diesem von ihr selbst begrüßten Beratungsprozeß einen hilfreichen und nicht wieder nur kritisch-distanzierenden Beitrag leistet.

Wir richten diese Stellungnahme an unsere Mitchristen in der EKD, weil wir fürchten, daß die wachsende Distanz unserer Kirche zum Ökumenischen Rat uns vergessen läßt, welche Bereicherung wir der ökumenischen Gemeinschaft verdanken. Es ist nicht zu übersehen: Gerade in den 10 Jahren seit Bestehen des Programms zur Bekämpfung des Rassismus hat sich das Verhältnis der EKD zum ÖRK wesentlich verändert.

Die ökumenische Distanz wächst

Diese Entwicklung ist deshalb bedrückend, weil nur durch ökumenische Solidarität die Isolation unserer Kirche nach den Jahren der Nazi-Herrschaft durchbrochen werden konnte. Als 1945 nach grauenhaften, unter deutschem Namen begangenen Verbrechen unser Volk aus der Gemeinschaft der Nationen ausgestoßen war, führte in Stuttgart die erste Begegnung mit der Ökumene zum deutschen und dann gegenseitigen Schuldbekenntnis und ermöglichte so eine kaum zu erhoffende neue ökumenische Gemeinschaft. Intensiver Austausch und Mitarbeit in den ökumenischen Gremien und die von dort ausgehenden erneuernden Anstöße sind aus unserem eigenen theologischen und kirchlichen Leben nicht wegzudenken. „Was sind wir denn", hat Ernst Lange 1974 gefragt, „wenn man das Ökumenische abzieht?... Die westdeutsche Christenheit ist etwas, sofern sie die westdeutsche Provinz der Weltchristenheit ist, und sonst gar nichts."

EKD im Widerspruch

Zwar haben wir dankbar zur Kenntnis genommen, daß der Rat der EKD in seinem Memorandum vom 6.11.78 klar herausstellt, „daß die ökumenische Dimension zur Existenz der Kirche wie zur Glaubensgestalt unseres Christseins gehört". Aber aus dem Memorandum spricht keine unmittelbare Betroffenheit. Vielmehr überwiegt distanzierende Kritik am Vorgehen des ÖRK bis hin zu der Schlußfolgerung, „daß die Grenzen kirchlicher Gemeinschaft im politisch relevanten Handeln für den ÖRK in Sicht gekommen sind". Das Programm zur Bekämpfung des Rassismus und vor allem sein Sonderfonds, den Bischof Claß jüngst noch als „Symbol einer grundsätzlichen Fragestellung" bezeichnet hat, sind Anlaß, sich zunehmend vom ÖRK zu distanzieren. Von der ersten Bewilligung von Sonderfondsmitteln auch für Befreiungsbewegungen (Arnoldshain 1970) bis zur letzten Zentralausschuß-Sitzung des ÖRK (Jamaica, Januar 1979) hat der Rat der EKD Widerspruch angemeldet. *In dem Maß, in dem der ÖRK bei den Unterdrückten Vertrauen gewann, erntete er Mißtrauen bei uns.* Offensichtlich waren die Verantwortlichen der EKD nicht in der Lage, sich die Entscheidungen der Gemeinschaft der Kirchen zu eigen zu machen, und sie haben dabei ebenso die ökumenische Situation wie die eigenen Einflußmöglichkeiten verkannt.

I. Bekenntnis ohne Konsequenzen

Irrtümer – Selbsttäuschung – Proteste: EKD und Antirassismusprogramm

Es begann damit, daß immer wieder der Genfer Stab des ÖRK für die umstrittenen Entscheidungen und ihre Begründung verantwortlich gemacht wurde, während es sich *in Wahrheit* um Beschlüsse der zuständigen Gremien des Zentral- und des Exekutivausschusses handelte, denen die deutschen Delegierten fast ausnahmslos zugestimmt hatten. Eine *Selbsttäuschung* war es dann, als nach dem klärenden Satz des Zentralauschusses „Dennoch kann und will der ÖRK sich nicht vollständig mit einer politischen Bewegung identifizieren, noch richtet er die Opfer des Rassismus, die zwangsläufig zur Gewalt greifen ..." (Addis Abeba 1971) von Beteiligten vor der EKD-Synode erklärt wurde, die deutschen Bedenken seien ins allgemeine Bewußtsein aufgenommen worden und eine Entscheidung wie in Arnoldshain 1970 werde sich so nicht wiederholen. Ein *Irrtum* war es, als der Rat der EKD glaubte, der Empfehlung, Investitionen aus dem Südlichen Afrika zurückzuziehen, mit seinem Plan zu entsprechen, auf investierende Firmen einzuwirken (Zentralausschuß Utrecht 1972). Diese sog. „multiple Strategie" verstand der Rat im Unterschied zum ÖRK nicht als ergänzenden Schritt, sondern als eine Alternative, die es erlaubte, sich vom ökumenischen Programm zu distanzieren. Als dann der Rat vor der Zentralausschuß-Sitzung Berlin-West 1974 gegen das Vorbereitungspapier zur Fortführung des Programms *scharfen Einspruch* erhob, erreichte er zwar die Vorlage eines neuen, auf die Einwände eingehenden Dokumentes. Im Ergebnis aber wurde das Programm ohne inhaltliche Veränderungen unter die unbefristeten Vorhaben des ÖRK aufgenommen. Auch die V. Vollversammlung (Nairobi 1975) führte nicht zu der von der EKD erhofften Kurskorrektur, sondern bestätigte Programm und Sonderfonds im vollen Umfang, wiederum unter Mitwirkung aller deutschen Delegierten. Erneut erhob der Rat 1973 *scharfen Widerspruch* gegenüber dem Genfer Hintergrundpapier „Südafrika heute – Hoffnung um welchen Preis?" als einer vermeintlichen theologischen Rechtfertigung des bewaffneten Kampfes. Zugleich *protestierte* er gegen die Bewilligung von Mitteln für die

Patriotische Front Zimbabwes, die auch in einigen anderen Kirchen heftige Reaktionen auslöste. Als schließlich der Zentralausschuß in Jamaica (Januar 1979) die u.a. von Rat und Synode der EKD gewünschte verwaltungsmäßige Verselbständigung des Sonderfonds beschloß, wurde dies bei uns offiziell als Erfolg der EKD-Bemühungen gewertet. In Wirklichkeit hat die Antirassismus-Kommission des ÖRK bereits Mitte 1978 diese Praxis geübt und den Zentralausschuß nachträglich um Bewilligung ersucht. An der Sache selbst, daß die Gemeinschaft der Kirchen sich verpflichtet sieht, auf der Seite von Menschen und Bewegungen zu stehen, die Rassismus überwinden wollen, änderte auch dieser Beschluß nichts.

Die Stellung, die die EKD in dieser Entwicklung eingenommen hat, erweckt bei uns die beklemmende Befürchtung, daß erneut das Bekenntnis des Glaubens: Rassismus ist Sünde, ohne Konsequenzen bleibt: Gegenüber den Opfern des antijüdischen Rassismus in Deutschland und im Widerstand gegen den Nationalsozialismus sind wir in der deutschen Christenheit ein derart konkretes Bekenntnis schuldig geblieben. Gerade darum müssen wir heute mit Bonhoeffer fragen:

„Sind wir noch brauchbar? – Wir sind stumme Zeugen böser Taten gewesen, wir sind mit vielen Wassern gewaschen, wir haben die Künste der Verstellung und der mehrdeutigen Rede gelernt, wir sind durch Erfahrung mißtrauisch gegen die Menschen geworden und mußten ihnen die Wahrheit und das freie Wort oft schuldig bleiben, wir sind durch unerträgliche Konflikte mürbe oder vielleicht sogar zynisch geworden – sind wir noch brauchbar?"

Diese Frage entscheidet sich heute daran, ob wir in der EKD ernsthaft genug auf die Stimmen der Kirchen der Dritten Welt hören. Waren wir nicht in den vergangenen 10 Jahren erneut mehr um die Wahrung der eigenen, unbezweifelten Tradition bemüht als um die Stärkung der ökumenischen Gemeinschaft? Als Anzeichen solcher selbstkritischen Besinnung möchten wir das Wort des neuen Ratsvorsitzenden werten, „daß die EKD bisher gelegentlich zu schnell mit Antworten und Stellungnahmen gegenüber den Kirchen der Dritten Welt zur Hand gewesen sei. Es sei nötig, den Anfragen aus der Dritten Welt aufmerksam zuzuhören" (epd ZA 98 v. 22. 5. 79).

Eine solche Besinnung muß auch die Position des Memorandums des Rates vom 6. 11. 78 in Frage stellen, wonach ein grundsätzliches

Ja zum Programm zur Bekämpfung des Rassismus von der Stellung gegenüber dem Sonderfonds und seiner Vergabepraxis strikt zu trennen sei. Wenn der Satz des Memorandums gilt: Die EKD „teilt nach wie vor die Überzeugung, daß Rassismus als Herrschaftsideologie oder als Mittel zur Aufrechterhaltung wirtschaftlicher Vormacht Sünde ist, weil er die Würde und das Recht des Menschen verletzt", dann muß gefragt werden, was wir praktisch tun, um diesem Bekenntnis entsprechend zu handeln. Wie bekämpfen wir die Erscheinungen des Rassismus in unserer eigenen Mitte? Was unternehmen wir gegen solche Vereinigungen, die das Apartheidsystem offen unterstützen? Welche sichtbaren Zeichen der Solidarität und Hilfe setzen wir für die, die unter rassistischer Unterdrückung leiden? Wie entkräften wir den Anschein, selber wirtschaftliche Nutznießer des Rassismus zu sein, den wir doch ablehnen? Was haben wir getan und was haben wir unterlassen, um das Bewußtsein in Kirche und Öffentlichkeit für solche brennenden Fragen zu wecken?

Verdacht auf Lippenbekenntnisse

Gewiß sind deutliche Worte des Protests gegen rassistische Unterdrückung im Südlichen Afrika auch von der EKD gesprochen worden. Es hat Begegnungen und Konsultationen mit Vertretern betroffener Kirchen und finanzielle Hilfen für verfolgte Kirchenmitglieder und ihre Familien gegeben. Es hat auch nicht an Bemühungen gefehlt, mit Vertretern deutscher Firmen über die Benachteiligung schwarzer Arbeitnehmer zu sprechen. Das alles ist geschehen und wird nicht verkannt. Aber ist das genug? Es kann auch den Repräsentanten der EKD nicht verborgen geblieben sein, daß z.B. auf die Kirchen der Allafrikanischen Kirchenkonferenz (AACC) der Einsatz der EKD nicht überzeugend gewirkt hat. Und deshalb wird ihre Haltung weithin als widersprüchlich empfunden: Dem verbalen Bekenntnis, Rassismus sei als Sünde zu bekämpfen, entsprechen die konkreten Stellungnahmen nicht, wenn z.B. von der EKD die afrikanischen Klagen über wirtschaftliche, militärische und nukleare Zusammenarbeit der Bundesrepublik mit Südafrika als unbegründet beiseite geschoben oder die Aufforderungen, auf einen Stopp von Investitionen hinzuwirken, immer nur ausweichend beantwortet werden. Wir stehen unter dem Verdacht, Lippenbekenntnisse abzulegen, denen dann, wenn ein Konflikt mit einflußreichen Interessengruppen droht, keine Taten mehr folgen. Die große Mehrheit der im ÖRK vereinigten Kirchen versteht den Sonderfonds als Konsequenz aus der bekenntnismäßigen Absage an den Rassismus. Darum ist für sie die Stellung zu den aus diesem Fonds unterstützten Zielen ein Prüfstein für Echtheit und Glaubwürdigkeit unseres Zeugnisses. Verkennen wir diesen Zusammenhang, dann vertiefen wir die Isolation innerhalb der ökumenischen Bewegung.

II. Mauern babylonischer Gefangenschaft

Mangel an christlicher Freiheit

Unserer Kirche ist es weitgehend unmöglich, ihre Beteiligung an der ökumenischen Bewegung in christlicher Freiheit zu verwirklichen. Vielmehr herrscht gegenüber den Problemen der Weltchristenheit einerseits eine ängstliche Scheu vor Konflikten im eigenen Bereich, andererseits bei manchen die Tendenz, mit massiven Druckmitteln auf die Entscheidungsgremien der Ökumene einzuwirken. Dieser Druck wird oft mit wirklichen oder vermeintlichen Erwartungen im Bereich unserer volkskirchlichen Gegebenheiten begründet. Umgekehrt wird jedoch wenig dafür getan, die Mitglieder unserer Volkskirche am Geschick der weltweiten Kirche teilnehmen zu lassen. Stattdessen werden sie wie unmündige Kinder gegen den Sturm und die Widrigkeiten der ökumenischen Bewegung abgeschirmt. Diese *ängstliche und unfreie Sorge um Bestandserhaltung* verkennt die Bereitschaft zu praktischer ökumenischer Solidarität und unterfordert die Mitglieder dieser Kirche. So hindert die EKD in ihrer babylonischen Gefangenschaft ihre Glieder daran, in eigener Verantwortung ihre christliche Freiheit wahrzunehmen.

Gewalt – Gewaltlosigkeit

1. Im Vordergrund aller Einsprüche und Bedenken steht *die Frage der Gewalt*, bzw. der Verdacht ihrer kirchlichen Billigung und Unterstützung. Daß es sich dabei um eines der schwer-

wiegendsten Probleme handelt, das Christen und Kirchen in ernste Gewissensfragen und ein tiefes Dilemma führt, ist zwischen uns unbestritten. Doch in Äußerungen unserer Kirche gilt die Aufmerksamkeit vor allem der Gewaltausübung durch Unterdrückte. Ihrer pauschalen Verurteilung als Terror wird von der Kirche nur selten widersprochen. Dagegen tritt das Problem der Gewaltanwendung durch Regierende und gesellschaftliche Machtgruppen in kirchlichen Stellungnahmen auffallend zurück. Darüberhinaus wird die neutestamentlich begründete Forderung unbedingter Gewaltlosigkeit zumeist nur an die Machtlosen gerichtet. Und schließlich hat sich die EKD bis heute geweigert, gewaltlose Aktionen der Solidarität gutzuheißen oder zu unterstützen. Diese praktische Einseitigkeit fällt aber hinter die Einsichten zurück, die sowohl in der Ökumene wie in der EKD selbst längst erarbeitet worden sind. In der Auseinandersetzung um das Widerstandsrecht haben wir gelernt, daß für die Beurteilung der Gewalt nicht die gesellschaftliche Machtstellung, sondern der Bezug auf das Recht entscheidend ist. Die schwere und anhaltende Verletzung der Menschenrechte begründet die Legitimität eines Widerstandsrechts, dessen gewaltförmige Inanspruchnahme gewiß keine leichtfertige Ermutigung verdient, aber nicht verworfen werden kann, wenn keine Alternativen mehr zu erkennen sind. Dies ist verbaler Konsens in der deutschen Christenheit, aber die mangelnde Bereitschaft, zu dieser Einsicht im Konflikt zu stehen, offenbart unsere ganze Unfreiheit.

Den Staat an die Achtung elementarer Menschenrechte zu erinnern und im Notfall zu widerstehen, ist aber nicht nur, worauf kirchliche Stellungnahmen immer wie selbstverständlich abstellen, dem Gewissen des einzelnen allein anheimgegeben, sondern zugleich Konsequenz des kirchlichen Wächteramts. Auch hier gilt mutatis mutandis: „Es lassen sich ... nicht Bereiche abgrenzen, wo nur der einzelne Christ oder wo auch die Kirche zur Wahrnehmung der Mitverantwortung aufgefordert ist" (EKD-Denkschrift „Aufgabe und Grenzen kirchlicher Äußerungen zu gesellschaftlichen Fragen").

Versöhnung nimmt Stellung

2. Die Kirche Jesu Christi, die von der Versöhnung Gottes mit den Menschen lebt, hat den Auftrag, diese Versöhnungsbotschaft zu bezeugen und zugleich zur Versöhnung unter den Men-

schen aufzurufen. Das ist unsere gemeinsame Überzeugung. Aber an der Frage, wie das konkret geschehen soll, scheiden sich die Geister. „Nur wenn die Kirchen es unterlassen," sagt das Memorandum vom 6. 11. 78, „sich mit einzelnen Gruppen zu identifizieren, haben sie die Möglichkeit, alle Betroffenen auf beiden Seiten der Auseinandersetzung auf ihre Verantwortung für Recht und Gerechtigkeit in einer künftigen Gesellschaftsordnung wie in den Methoden ihrer Auseinandersetzung ansprechen zu können." Im gleichen Sinn heißt es im letzten Bericht des Rates der EKD vom Mai 1979: „Wo die Kirche in der Praxis humanitär-gesellschaftsbezogenen Handelns – und sei es mit prophetischem Anspruch – unmittelbar als eine unter anderen politischen Kräften auftritt, verliert sie mit ihrer Unabhängigkeit zugleich die Fähigkeit, ihren Dienst der Versöhnung zu tun und im politischen Feld für Wege der Hoffnung zu arbeiten. Darum hat der Rat hier kräftig widersprochen."

Daß es nicht darum gehen kann, sich mit einzelnen Gruppen zu identifizieren, hat auch der ÖRK in Addis Abeba (1971) eindeutig klargestellt. Aber die EKD verkennt, *daß der Versöhnungsauftrag es uns nicht erspart, klar zwischen Recht und Unrecht zu unterscheiden und Stellung zu beziehen.* Dies muß geschehen selbst auf die Gefahr hin, mit Andersdenkenen, in rassistischen Vorurteilen Befangenen in Konflikt zu geraten. Ihnen kann die Kirche in Wahrheit nur dann Recht widerfahren lassen, wenn sie ihnen widersteht und *Solidarität mit den Entrechteten* übt, ohne Unrecht auf deren Seite zu verschweigen. Deshalb kann der Dienst der Versöhnung weder über den Parteien stehend wahrgenommen werden noch getrennt werden von Bemühungen, *ungerechte Strukturen zu beseitigen.* Dies bezeugen uns jene Christen, die versuchen, den Dienst der Versöhnung im Rassenkonflikt Südafrikas wahrzunehmen. „Christen müssen verstehen lernen, daß Versöhnung auch ein politisches Geschäft ist. Um versöhnt zu sein, müssen Menschen (den) sündigen und üblen Strukturen in der Gesellschaft offen ins Auge sehen lernen. Sozialpolitisch ausgedrückt ist Versöhnung nur möglich, nachdem unterdrückerische Strukturen wirtschaftlicher und politischer Ungerechtigkeit niedergerissen worden sind ..." So ist „Versöhnung eine teure Sache" (Allan Boesak).

Unsere gesellschaftlichen und wirtschaftlichen Verflechtungen

3. Das größte Hindernis für ökumenische Solidarität liegt in den *wirtschaftlichen und gesellschaftlichen Verflechtungen unserer Kirche*. In den vergangenen Jahren drängte sich immer wieder der Eindruck auf, daß die Verurteilung des Apartheidsystems dann kaum mehr hörbar war, sobald deutsche Wirtschaftsinteressen berührt waren. Dies zeigte sich erstens in der Ablehnung all jener Empfehlungen des ÖRK, in denen zu wirtschaftlichen Sanktionen aufgerufen wurde. Stärker noch wurden diese Interessenbindungen deutlich in jenen Schritten, die innerhalb der EKD selbst unternommen wurden. Ein Fazit der vom Rat geführten „Firmen-Gespräche", die nach dem Urteil von Beteiligten fruchtlos geblieben sind, erwartete man vergeblich. Der AACC beklagte in Jamaica, über die Ergebnisse zugesagter Schritte des Rates der EKD bei der Bundesregierung mit dem Ziel, die nukleare Zusammenarbeit deutscher Firmen mit Südafrika zu verhindern, nicht informiert worden zu sein. Die Evangelische Frauenarbeit mußte sich für den von ihr organisierten Boykott südafrikanischer Früchte schwere Vorwürfe gefallen lassen.

Tradition des Obrigkeitsstaates

Es gibt unter uns einen Mangel an Konfliktbereitschaft und ein Übermaß an Anpassungswillen, die man bisweilen schon bekundet, bevor überhaupt damit gerechnet wird. Andere Kirchen, etwa in Schweden, Holland oder den USA, haben im Kampf gegen Apartheid Konflikte mit mächtigen gesellschaftlichen Gruppen gewagt und sind dabei nicht ohne Wirkung geblieben. Offenbar ist bei uns, begründet in der Tradition des Obrigkeitsstaates und entsprechenden kirchlichen Einstellungen, die Verflechtung so eng, daß die *Kirche solchen Konflikten ständig ausweicht*. Daraus ergeben sich nicht hinterfragte *Loyalitäten* gegenüber staatlichen und gesellschaftlichen Entscheidungsträgern, eine staatlichen Strukturen *nachgebildete Bürokratie*, eine *Theologie*, die *sich mehr am gesellschaftlichen Status quo* als an ökumenischen Herausforderungen orientiert. Für diese Situation ist typisch, wenn ein maßgeblicher Sprecher der EKD-Kirchenkanzlei bei der Boykottaktion der Evangelischen Frauenarbeit nur die Gefahr sieht, „Andersdenkende ganz unnötigerweise zu verärgern und für das Ziel eines Dienstes an den Schwarzen und Farbigen in Südafrika einen vermeidbaren Streit in den eigenen Reihen in Kauf zu nehmen."

Entmündigte Gemeinde

4. In der bisherigen Praxis der EKD gegenüber dem ÖRK zeigt sich ein bestimmtes Kirchenverständnis. So sind die meisten offiziellen Äußerungen und Entscheidungen der EKD zu den strittigen Fragen des Programms zur Bekämpfung des Rassismus Ergebnisse interner Beratungen ohne Konsultation mit der kirchlichen Basis in Gemeinden und ökumenisch engagierten Gruppen, obwohl der ÖRK immer wieder gerade darum gebeten hatte. Das Bemühen der Leitungsgremien der EKD zielt offensichtlich auf eine möglichst geschlossene „offizielle" Position, die dann nach Art des diplomatischen Verkehrs zwischen Staaten als ihre verbindliche Stellungnahme gegenüber der Ökumene vertreten wird. Abweichende, eigenständige Auffassungen in unseren Gemeinden finden dagegen kaum Erwähnung: Die Gemeinde wird zugunsten der repräsentativen kirchlichen Körperschaften entmündigt. Ja noch mehr, dem ÖRK wird am Schluß des Memorandums vom 6. 11. 78 warnend vorgehalten, sein Charakter als Gemeinschaft von Kirchen erlaube es ihm nicht, „sich mehr auf engagierte Gruppen als auf die Mitgliedskirchen zu stützen, besonders dann, wenn es sich um Maßnahmen mit politischer Relevanz handelt." Dies widerspricht ebenso dem gewachsenen Selbstverständnis der ökumenischen Bewegung wie der reformatorischen Lehre von der Kirche des Priestertums aller Gläubigen. Darin rächt sich unser Versäumnis, die Strukturen einer Kirche mündiger und solidarischer Christen zu entwickeln. In der Entscheidung über Widerstand und Gewalt läßt dieselbe Kirche, die im gesellschaftlichen Umfeld handelnd überwiegend dazu neigt, zu Lasten des innerkirchlichen Pluralismus die Äußerungen der Amtsträger hervorzuheben, den einzelnen mit seinem Gewissen allein. Wir predigen ein individualistisches Verständnis des Wortes von der Versöhnung, aber wir

ahnden die Abweichungen von einzelnen und Gruppen vom volkskirchlichen Minimalkonsens mit den Mitteln administrativen Druckes. So müssen Spontaneität und fröhliche Gewißheit christlicher Freiheit zuschanden werden:

- e k k l e s i o l o g i s c h schirmen wir die Gemeinden gegen ökumenische Anstöße ab und lassen sie in provinzieller Selbstgenügsamkeit verkümmern;
- e t h i s c h mißbrauchen wir die Gewaltlosigkeit Christi, um uns keine schmutzigen Hände zu machen;
- h o m i l e t i s c h verwechseln wir die Predigt von der Versöhnung mit einer Anweisung zur Neutralität, die in Wirklichkeit nicht praktizierbar ist;
- d o g m a t i s c h ziehen wir uns hinter die Mauern unserer partikularen Geschichte zurück und erheben wir unsere eigene theologische Tradition zur allgemeinen Norm;
- p r a k t i s c h verdrängen oder leugnen wir unsere volkskirchliche Verflechtung in das westliche Gesellschafts- und Wirtschaftssystem.

III. Die Herausforderungen der 80er Jahre

Wir brauchen die Ökumene

Nicht zuletzt durch die distanzierte Art der bisherigen Beteiligung am Programm zur Bekämpfung des Rassismus hat sich unsere Kirche in eine Isolation gegenüber der ökumenischen Bewegung gebracht, aus der sie aus eigenen Kräften schwerlich herauskommen kann. Die deutsche Christenheit braucht darum die Ökumene, um aus ihrer Gefangenschaft herauszufinden und einen verantwortbaren Beitrag zur Überwindung des Rassismus zu leisten.

Die Entwicklungen im Südlichen Afrika

1. Im Blick auf die Situation im Südlichen Afrika kommt die EKD nicht umhin, sich weit stärker als bisher möglichst sachlichen und schonungslosen Diagnosen der Probleme des Rassismus zu stellen.

Dazu gehört die nüchterne Analyse der Tatsache, daß im Südlichen Afrika die Legitimation weißer Herrschaft zunehmend weniger auf der Basis der Apartheidsideologie erfolgt als vielmehr mit dem Hinweis auf die angebliche Verteidigung westlicher Sicherheitsinteressen. Dies gilt vor allem im Blick auf die geopolitisch-strategische Lage und die Rohstoffe Südafrikas. Wir können uns belehren lassen, daß in dieser Situation die weiße Minderheit in Südafrika versucht, sich den offenen oder latenten antikommunistischen Affekt ihrer wirtschaftlichen Verbündeten zunutze zu machen. Wir können erkennen, wie unsere Fixierung auf eigene politische Konflikte und ihre Bewertung in einem anderen Kontext in ganz andere politische Funktionen einrückt.

Die Gefahr besteht, daß globale Sicherheitsinteressen der Westmächte die Sorge um das Schicksal der schwarzen Bevölkerung auf Dauer verdrängen werden. Diese Entwicklung führt nicht nur zur Internationalisierung des Konflikts im Südlichen Afrika, sondern wahrscheinlich auch zur Verschärfung und Eskalation bestehender Gewalt.

Von anderen Kirchen lernen

Angesichts dessen erscheint es unerläßlich, daß die EKD weit mehr als bisher die in den letzten Jahren immer wieder verdrängte Diskussion um letzte verbleibende Möglichkeiten gewaltloser Einflußnahme aufnimmt. Sie könnte ihre Selbstisolierung dadurch überwinden, daß sie in Konsultation mit anderen europäischen Kirchen – wir denken an diejenigen Schwedens, Großbritanniens, der Niederlande, in anderer Hinsicht die der DDR – versucht, von deren Erfahrungen und Einsichten mit solchen Strategien zu lernen. Dabei wird es eine Aufgabe der Kirche sein, der Versuchung zu widerstehen, den Befreiungskampf im Südlichen Afrika in das Prokrustesbett des Ost-West-Gegensatzes zu pressen und die Befreiungsbewegungen aufgrund westlicher Terrorismuserfahrungen pauschal zu kriminalisieren.

Freiräume für die Opposition

Ebenso wenig wird sich die EKD der Debatte um die Zukunft der im Aufbau begriffenen Staaten im Südlichen Afrika entziehen können. Ohne die kontroverse Frage klären zu wollen, inwieweit eine Kirche für bestimmte gesellschaftspolitische Optionen eintreten kann und darf, besteht für die EKD angesichts der gegenwärtigen Unterdrückungssituation eine spezifische Aufgabe: Für die Schaffung jener Freiräume einzutreten, die es den zum Verstummen gebrachten Oppositionsbewegungen ermöglichen, ihre Einsichten und Ziele im Blick auf die zukünftige Gesellschaftsform dieser Länder zum Ausdruck zu bringen. Die EKD und die westdeutsche Öffentlichkeit haben sich nach unserem Urteil bisher zu einseitig und selbstverständlich an Auffassungen und Modellen der eigenen politischen und gesellschaftlichen Wirklichkeit orientiert.

Kampf dem Rassismus bei uns

2. Die Bekämpfung des Rassismus ist nur glaubwürdig, wenn sie vor dem eigenen Lande nicht haltmacht. In der Bundesrepublik gibt es einen Rassismus, der vor allem in der Form der Diskriminierung ethnischer Minderheiten auftritt. Es ist zu befürchten, daß sich solche Erscheinungen in wirtschaftlichen und politischen Krisen verstärken werden. Darüber hinaus sehen wir auch in unserem Ausländerrecht rassistische Elemente, so z.B. in diskriminierender Anwendung des Asylrechts für politische Flüchtlinge aus bestimmten Ländern. Wir fürchten zudem, daß die Probleme künftig einzubürgernder ausländischer Arbeiter unsere Vorstellungskraft übersteigen, aber wir wissen zugleich, daß es leichtfertig und verantwortungslos wäre, diese Fragen weiter vor uns herzuschieben.

Hand in Hand damit geht in unserer Kirche und Öffentlichkeit jenes längst nicht ausgestorbene weiße Überlegenheitsgefühl, das von unseren ökumenischen Partnern zu Recht als rassistisch gekennzeichnet wird. Sie öffnen uns die Augen dafür, wie stark bei uns die Orientierung der Theologie an der westlich-abendländlichen Tradition eine wirkliche Öffnung zur Ökumene verhindert.

Konziliarer Lernprozeß

3. Wird die EKD solche Aufgaben der 80er Jahre bestehen können? Angesichts der Erfahrungen von Isolation und Lähmung während der letzten 10 Jahre, die die Beziehungen der EKD nach außen und innen kennzeichnen, erscheint es notwendig und hilfreich, nach beiden Seiten in einen Prozeß konziliaren Lernens einzutreten.

Darunter verstehen wir die bewußte Bereitschaft, sich dem durch die Ökumene notwendigen Streit um die Wahrheit auszusetzen und diesen Prozeß als Bereicherung und nicht als Bedrohung der eigenen Identität und Geschlossenheit zu empfinden. Wir entziehen uns sonst der für uns selbst lebenswichtigen Begegnung mit den anderen Kirchen, ihren kritischen Fragen und kräftigen Anstößen. Die Kirche wird durch einen solchen Streit reicher und nicht ärmer, freier und nicht abhängiger, denn die Angst um den personellen und finanziellen Bestand führt zu Verarmung im Zeugnis und zu Verkrampfung im Verhalten. Dieser Gefahr, die sich in den vergangenen 10 Jahren in unserem Umgang mit dem Programm zur Bekämpfung des Rassismus gezeigt hat, können wir in Zukunft nur begegnen, wenn es uns auch gelingt, die Erfahrungen mit dem Rassismus des Nationalsozialismus so zu verarbeiten, daß sie uns Kraft zum Widerstand gegen neue Gestalten des Rassismus geben. Der Gewinn einer derartigen Besinnung könnte nicht zuletzt darin bestehen, daß unser theologisches Verständnis weltweiter Unterdrückungsprozesse und Befreiungsbemühungen an Klarheit und Kraft gewinnt.

Die Ökumene befreit uns aus Babylon

Kirche und Theologie, die sich auf diese Weise konkreten Situationen von Anfechtung, Leiden und Verstockung aussetzen werden, können sich nicht mehr nur auf abstrakte Prinzipienfragen beschränken, sondern werden zu verantwortlichem freien Handeln, auch für künftige Generationen, anleiten und befähigen. Vielleicht erfahren wir eine neue Wirklichkeitserfassung, wo unsere Theologie zu kopflastig ist, neue Charismen, wo wir zu sehr der Bürokratie vertrauen, neue Spiritualität, wo unsere Frömmigkeit banal geworden ist. Wir brauchen die Ökumene, um aus Babylon befreit zu werden.

Konziliarität nach außen ist nicht zu trennen von Konziliarität nach innen. Sie muß sich entfalten in einem freien Dialog unter den

Gruppen der EKD, einschließlich derer, die in ihrem Eintreten für ökumenische Initiativen sich bisher als Gesprächspartner kaum ernst genommen sahen und gelegentlich auch finanziellen und administrativen Druck erfahren mußten.

Haben wir etwas gelernt? Sind wir noch brauchbar? Wir wagen nicht, die Fragen Dietrich Bonhoeffers mit Ja oder Nein zu beantworten. Im Blick auf die hinter uns liegenden 10 Jahre werden wir nur unser häufiges Versagen bekennen und einen neuen Anfang für die EKD erbitten können.

EIN PROGRAMM ZUR BEKÄMPFUNG DES RASSISMUS FÜR DIE BUNDESREPUBLIK DEUTSCHLAND

Unterzeichner und Freunde des „Plädoyers für eine ökumenische Zukunft" legen ihren Mitchristen nachstehende Erwägungen vor, die aus Arbeitstagungen erwachsen sind und auf konkrete Schritte in einem wichtigen Bereich unserer ökumenischen Verantwortung hinzielen.

Der Zentralausschuß des Ökumenischen Rates der Kirchen hat im August 1980 in Genf aufgrund vorausgegangener Konsultationen auf regionaler wie auf Weltebene eine Bilanz des vergangenen Jahrzehnts seit Bestehen des Programms zur Bekämpfung des Rassismus gezogen und die Schwerpunkte für die künftige Arbeit gesetzt. Die Konsultationen hatten deutlich gemacht, was das Programm in diesen Jahren zur Unterstützung von rassisch Unterdrückten leisten konnte und was es zur Weckung der Verantwortung in den Kirchen bedeutet hat. Doch war man sich zugleich bewußt, daß damit erst ein Anfang geschehen ist, daß das Programm – einschließlich seines Sonderfonds als „aktiver Ausdruck der Solidarität" – verstärkt werden müsse und daß Überlegungen notwendig sind, „wie man in den 80er Jahren den Rassismus in den eigenen Reihen und dem eigenen Lebensraum am besten bekämpfen kann". Der Zentralausschuß hat die Kirchen darauf aufmerksam gemacht, daß Rassismus die unterschiedlichsten Formen annimmt und keine Gesellschaft dagegen immun ist, daß häufig auch die Kirchen damit infiziert und in politische und ökonomische Unterdrückung verflochten sind. So hat der ÖRK seine Mitgliedskirchen aufgefordert, „im Gehorsam gegenüber ihrem Glauben und mit der Bereitschaft zur Buße ihre eigene Verstrickung in Rassismus zu prüfen, wo und in welcher Form er auch immer auftreten mag".

Damit scheint uns die Aufgabe gegeben, unsere eigene Situation genauer ins Auge zu fassen und mit einer Art Antirassismusprogramm für die Bundesrepublik Deutschland geeignete Wege zu einer konzentrierteren Bekämpfung rassistischer Erscheinungen und Tendenzen zu suchen. Damit soll selbstverständlich nicht das gemeinsame Programm des ÖRK ersetzt oder zurückgedrängt, sondern im Gegenteil versucht werden, einen wirksameren Beitrag im Blick auf unseren eigenen Bereich und die hier gebotenen und möglichen konkreten Schritte zu leisten und damit auch in weiteren Kreisen Verständnis für das notwendige ökumenische Engagement zu wecken.

Wir gehen dabei von der Einsicht aus, daß es auf verschiedenen Ebenen und bei mancherlei Gruppen bereits wichtige Initiativen zur Bekämpfung des Rassismus gibt. Unsere Überlegungen haben das Ziel, die wechselseitige Verknüpfung und Koordination zu fördern.

I Erscheinungen von Rassismus und Fremdenfeindschaft in der Bundesrepublik Deutschland

Rassische Vorbehalte, rassistische Vorurteile, offener Rassismus und Fremdenfeindschaft sind Phänomene, die sich in abgestufter Intensität in unserer Gesellschaft finden. Nachstehend werden beispielhaft drei Komplexe benannt, in denen sie sich zu erkennen geben.

1. Unüberwundene national-konservative Ressentiments und latenter Neo-Nazismus

Es wird oft übersehen, daß der Nationalsozialismus den gewaltigen Höhepunkt eines aus verschiedenen Wurzeln entstandenen völkischen Rassismus darstellt und daß dem deutschen Volk jahrelang nicht nur der Haß auf Juden und „Zigeuner", sondern auch die Mißachtung aller anderen nicht-arischen Völker eingeimpft worden ist. Diese Indoktrination ist mit dem Zusammenbruch des Hitler-Reiches nicht einfach verschwunden, sondern hat – gerade wegen ihrer Achtung in der Öffentlichkeit – eine latente, unaufgearbeitete Wirkungsgeschichte behalten.

Diese rassistische Grundströmung ist ein Faktor, der bei den neuerdings wieder verstärkt auftretenden Anzeichen von Fremdenfurcht und -ablehnung – die sich auch in unseren Nachbarländern finden – bei uns besonders beachtet werden muß. Unerkannte rassistische Elemente zeigen sich auch in Äußerungen von deutschem Überlegenheitsbewußtsein, in der Leugnung der uns mit dem 3. Reich überkommenen historischen Schuld, in der abschätzigen Bewertung nicht-europäischer Kulturen und Völker und der Abwehr einer Verpflichtung zur Gerechtigkeit gegenüber der „Dritten Welt". Solche ethnozentrischen (rassisch-nationalen und kulturellen), oft auch eurozentrischen (auf Westeuropa konzentrierten) Vorurteile werden durch einen dogmatischen Antikommunismus, durch den Vorrang wirtschaftlicher Interessen und die als unerläßlich angesehene Garantie militärischer Sicherheit nur noch verstärkt.

Auf jeden Fall liegt hier eine vielschichtige, psychologisch wie auch wirtschaftlich und politisch bedingte Problematik unserer Gesellschaft vor. Wollen wir den Rassismus an seinen Wurzeln bekämpfen, müssen diese Probleme im einzelnen bedacht und aufgedeckt werden.

2. Offizielles und persönliches Verhalten zu ausländischen Arbeitnehmern und ihren Familien, zu Asylanten und Fremden

Einstellung und Verhalten zu den 4,4 Millionen Ausländern in der Bundesrepublik stellen einen sehr wichtigen Bereich dar, in dem rassistische Erscheinungen konkreten Ausdruck finden. Die Bundesrepublik Deutschland ist aufgrund der weltwirtschaftlichen Verhältnisse faktisch zum Einwanderungsland geworden. Hier sollen die schweren Probleme nicht verkannt werden, die sich aus dem Ausmaß der Zuwanderung, der Zusammenballung ausländischer Mitbürger in manchen Stadtteilen und Gemeinden und dem unvermittelten Zusammentreffen einander fremder Kulturen ergeben haben, nicht selten Ratlosigkeit ausgelöst und zum Zuzugsstopp für ausländische Arbeitnehmer geführt haben.

Sehr bedenklich ist jedoch, wenn die seit Jahren unter uns Lebenden – zum guten Teil von uns selbst angeworben – unter dem Eindruck stehen, ihre prekäre Rechtslage und die damit gegebene Unsicherheit werde bewußt aufrechterhalten, um möglichst viele zur Rückkehr in ihre Herkunftsländer zu veranlassen oder auch sie als „Rotationsarbeitskräfte" je nach Bedarf zur Verfügung zu haben. Sie leiden unter der erschwerten Familienzusammenführung und unter spürbarer Mißachtung ihrer eigenen Kultur. Gesellschaftliche Isolierung und soziale Lage zwingen viele, in ghetto- oder slumähnlichen Bezirken zu leben. Die Ausbildungsmöglichkeiten von Zuwanderern, besonders der zweiten Generation, liegen unter dem Standard der Deutschen. Ohnmächtig begegnen sie einer oft verständnislosen, mit ihren Problemen zu wenig vertrauten Bürokratie. Hinzu kommen unüberhörbare Äußerungen der Fremdenfeindschaft aus der Bevölkerung, wo man anders als in früheren Jahren um die eigenen

Arbeitsplätze fürchtet und die Ursache dafür gern auf die ausländischen Arbeitnehmer schiebt. So haben viele der Zugewanderten das bittere Empfinden, Mitbewohner zweiter Klasse zu sein, deren Anpassung an die mitteleuropäische Zivilisation unter Preisgabe ihrer kulturellen Eigenart erwartet und denen doch die volle politische und rechtliche Integration vorenthalten wird. So wenig wir selbst uns dessen bewußt sein mögen, die Betroffenen fühlen sich weithin als Opfer einer rassistischen Grundhaltung.

Weitere Aspekte ergeben sich im Blick auf Asylsuchende. Entgegen den Intentionen des Grundgesetzes ist eine wachsende Einschränkung des Asylrechts zu beobachten, insbesondere seit zunehmend Menschen aus den armen Ländern hier Zuflucht suchen. Das fragwürdige Argument, die Möglichkeiten zur Aufnahme von Schutzsuchenden seien erschöpft, verstärkt eine Abwehrhaltung, die für Asylbewerber unter Umständen lebensbedrohlich werden kann. Die schematische Unterscheidung zwischen „bloßen" Wirtschaftsflüchtlingen und nachweisbar politisch Verfolgten verhindert eine sachgerechte Beurteilung der Flüchtlingsbewegung in den armen Regionen der Welt und erschwert eine konstruktive Mithilfe zur Lösung der zugrunde liegenden Probleme. Auch in dem allen wirken sich rassistische Grundstimmungen aus.

Gerade Kirche und Gemeinden haben in diesem Bereich eine besondere Verantwortung. Mußte sich doch das Volk Gottes immer wieder daran erinnern lassen, daß es selber in der Fremdlingschaft gelebt hat und darum seine besondere Fürsorge den Fremden in der eigenen Mitte gelten müsse. Und die Botschaft des Herrn, der die Wände zwischen Einheimischen und Fremden eingerissen hat und darum selbst wie ein Fremdling aus dem Volk ausgestoßen wurde, darf die Christen in dieser Sache nicht gleichgültig sein lassen. Aber wir wissen und die in diesem Fragenbereich Tätigen erfahren es, wie schwer sich verantwortliche Kirchenleute wie Gemeindeglieder hier zum Einsatz bewegen lassen.

3. Die Haltung zu Südafrika

Besonders bedrängende Anzeichen rassistischen Denkens zeigen sich in unserer Stellung zu dem einzigen Staat der Welt, in dem erklärtermaßen Rassismus Grundlage der Gesetzgebung und Regierungspolitik ist, zur Republik Südafrika.

Obwohl in der Bundesrepublik Deutschland immer wieder die Ablehnung des Rassismus zum Ausdruck gebracht worden ist, wird das Apartheidsystem gleichwohl durch enge politische, wirtschaftliche, militärische und kulturelle Beziehungen gestützt. In der Tatsache, wie weit die südafrikanische Politik in unserem Lande Widerhall und Verteidiger findet und jeder spürbare Schritt einer Distanzierung unterbunden wird, zeigt sich, daß die verbale Verurteilung des Rassismus nicht ernst zu nehmen ist, vielmehr Elemente eigener rassistischer Einstellung mit im Spiel sind.

Wenn für Christen nach den Worten des Zentralausschusses des ÖRK „Apartheid Sünde ist, die aus den Grundüberzeugungen des Glaubens heraus als Entstellung des Evangeliums Jesu Christi zu verwerfen ist", muß es unsere Aufgabe sein,

- die wahre Lage in Südafrika mit der Unterdrückung der schwarzen Menschen und der Verachtung der Menschenrechte unserer Öffentlichkeit deutlich zu machen,
- die sich steigernde Gefahr der Konfrontation für die Betroffenen selbst und für den Frieden der Welt ins Bewußtsein zu rücken,
- der einseitigen und verschleiernden südafrikanischen Information und Propaganda entgegenzutreten und
- die Fakten und Haltungen herauszustellen, die von unserer Seite her das Apartheidsystem stärken.

Christliche Solidarität mit den Unterdrückten muß sich gegen Darstellungen wenden, die Südafrika als westliches Bollwerk gegen den Kommunismus, als ideales Investitionsland für deutsche Unternehmen und Banken, als Garant unserer Rohstoffsicherung, als faszinierendes Reiseland usw. anpreisen. Der spürbare Druck, der vonseiten der Wirtschaft ausgeht, darf nicht länger dazu führen, daß unsere Kirche den jahrelangen Mahnungen der ökumenischen Gemeinschaft und den kritischen Anfragen anderer Kirchen ausweicht und ein klares Wort zu einem längst fälligen Investitionsstopp verweigert. Nicht deutsche Wirtschaftskreise, sondern die Stimme unserer schwarzen Mitchristen sind authentische Zeugen dafür, was Rassismus bedeutet und was von uns an Solidarität erwartet wird.

II Hintergründe und Konsequenzen

In allen drei genannten Komplexen hat sich gezeigt, welche bestimmende Rolle für Denken und Handeln unserer Gesellschaft handgreifliche wirtschaftliche Interessen, Verflechtungen und Rücksichten spielen.

Diese Hintergründe rassistischen Denkens gilt es sich bewußt zu machen und zugleich zu erkennen, daß wir als Teil des westlichen Wirtschaftsgefüges an dem zunehmenden Gegensatz von Industrienationen und Entwicklungsländern maßgeblich beteiligt sind, damit zur Aufrechterhaltung und Verfestigung weltweiter Unrechtsstrukturen beitragen und an Ausbeutung und Unterdrückung mit schuldig werden.

Es ist uns als Christen nicht erlaubt, vor dieser Lage als einer unabänderlichen Gegebenheit zu kapitulieren. Hier steht die Glaubwürdigkeit unseres Christseins auf dem Spiel. Absage an den Rassismus in seinen verschiedenen Formen und Eintreten für gerechte und menschenwürdige Lebensmöglichkeiten aller nötigen uns zu ganzem persönlichem Einsatz. In der Erkenntnis, daß es zu einer neuen, gerechteren Weltwirtschaftsstruktur kommen muß, ist von uns ein risikobereites Engagement bis hin zu Einbußen im eigenen Lebensstandard gefordert. Dies bedeutet sowohl Selbstverpflichtung für das persönliche Leben als auch das Bemühen, diese Zusammenhänge öffentlich bewußt zu machen und im erreichbaren Umkreis zum Umdenken und zu konkreten Entscheidungen zu ermutigen.

Der Blick auf solche Konsequenzen macht zugleich deutlich, daß es sich in den angeschnittenen Fragen, die gegenüber dem heute in den Vordergrund getretenen Abrüstungs- und Friedensproblem zweitrangig erscheinen könnten, in Wahrheit um unerläßliche Voraussetzungen für Verständigung und Frieden, also um die Beseitigung von Kriegsursachen und damit um einen entscheidenden Beitrag zum gemeinsamen Überleben geht. Nur wenn nicht allein das Ost-West-Verhältnis in den Blick genommen, sondern der Hintergrund des bedrohlichen Nord-Süd-Konfliktes aufgedeckt und bekämpft wird, kann der Friede auf Dauer gesichert werden.

III Hinweise auf konkrete Aufgaben und Möglichkeiten

An welche Schritte und Aktivitäten ist konkret zu denken und auf welchen Ebenen sind sie anzugehen? Unsere Hinweise wollen Anstöße zu neuen, aber auch Beiträge zur Verstärkung bereits bestehender Initiativen sein. Dabei konnten Unterzeichner und Freunde des „Plädoyers" ihre Erfahrungen aus den unterschiedlichen Aktionsebenen unserer Kirche einbringen. Folgende Bereiche kommen hier infrage:

1. Die Ebene der Gemeinde und lokaler Nachbarschaft

Hier ist an Gruppen und Arbeitskreise gedacht, die das Ziel verfolgen, mehr Verständnis und Vertrauen zwischen Fremden und Einheimischen zu schaffen und praktisches Zusammenleben zu erleichtern. Konkrete Verbesserungsvorschläge an die örtliche Öffentlichkeit gehören hierzu. Ebenso wichtige Aufgaben sind Hilfen zur besseren Information und Bewußtseinsbildung in den Rassismusproblemen, insbesondere am Beispiel des Südlichen Afrika (mögliche Stichworte: „Konzile der kleinen Leute"; kommunale „Race Relations Units").

2. Die Ebene der freien, übergemeindlichen Initiativgruppen

Wir denken hier an Gruppen wie ISSA (Informations-Stelle Südliches Afrika), AAB (Anti-Apartheid-Bewegung), IAF (Interessengemeinschaft mit Ausländern verheirateter Frauen), aber auch an Initiativen kirchlicher Werke wie Jugend- und Frauenarbeit (z.B. Früchte- und Gold-Boykott der Frauen). Es wird sich empfehlen, daß die verschiedenen Gruppen mit ihrer jeweiligen Akzentsetzung soweit möglich Fühlung untereinander halten und ihre Aktivitäten aufeinander abstimmen.

3. Die Ebene der Erziehung und Bildung

In dem großen Spektrum der Erwachsenenbildung, wie sie von staatlicher Seite, Kirchen, Parteien und Verbänden betrieben wird, sollte die Rassismusproblematik verstärkt behandelt werden, z.B. im Blick auf Familie und Schulunterricht, Spielzeug, Kinder- und Jugendliteratur, Bildmaterialien und Schulbücher, Kultur, Religion und Lebensweise der bei uns lebenden Volksgruppen. Die Möglichkeiten im kirchlichen Unterricht und der Elternarbeit sind hier ebenso zu bedenken wie Anstöße zur Programmgestaltung von Bildungseinrichtungen und Volkshochschulen.

4. Die Ebene der Medien

Hier denken wir nicht nur an die Tagespresse, Hörfunk und Fernsehen, sondern auch an die Verlage und das breite Gebiet der Trivialliteratur (Zeitschriften, Billigromane etc.). Durch persönliches Engagement (Leserbriefe, Stellungnahmen zu Sendungen u.ä.) und durch gezielte, koordinierte Medienkritik und Vermittlung geeigneten Schrifttums können rassistische Einstellungen bei diesen „geheimen Erziehern" bekämpft werden.

5. Die Ebene der kirchlichen Leitungs- und Entscheidungsgremien

Auf dieser Ebene geht es nicht nur darum, eine Billigung der Initiativen auf anderen Ebenen gewährleistet zu sehen. Vielmehr ist anzustreben, daß aus der allgemeinen theologischen Verurteilung des Rassismus verbindliche Konsequenzen für die Kirchen in ökumenischer Verbundenheit entwickelt werden. Eine der praktischen Konsequenzen könnte ein von der EKD einzurichtendes „Race Relations Board" sein. Wichtige Aufgabe der Leitungsorgane wäre es auch, Gemeinden und kirchliche Arbeitszweige zu eigenen Initiativen zu ermutigen und zugleich bewährte Modelle aufzunehmen und der kirchlichen Öffentlichkeit weiterzugeben.

Abschluß

Vorstehende Überlegungen und Hinweise, die in mancher Hinsicht ergänzt werden können, geben wir mit der Bitte um ernsthafte Erwägung weiter. Mit dem Durchleuchten des eigenen Bereichs wird die Sorge um die rassisch Unterdrückten in Südafrika, Namibia oder anderswo in der Welt nicht verdrängt, sondern vielmehr Solidarität mit ihrem Kampf um Befreiung gerade geweckt und vertieft werden.

Wir alle sind gefragt, was wir zur Bekämpfung des Rassismus zu tun haben, um nach dem Appell des Zentralausschusses deutlich herauszustellen, „daß diese Arbeit eine der prioritären Aufgaben aller Kirchen im Rahmen ihres Zeugnisses vom Evangelium Jesu Christi ist".

LEBENDIGES CHRISTUSBEKENNTNIS HEUTE

(Resümee der Tagung vom 24. - 26.4.1981 – als Entwurf zur Weiterarbeit)

Unterzeichner und Freunde des PLÄDOYER FÜR EINE ÖKUMENISCHE ZUKUNFT haben auf bisher drei Treffen an den Fragestellungen des Plädoyers weitergearbeitet – wieder wie 1979 angestoßen durch Anfragen und Ereignisse in der weltweiten Christenheit, die die Gemeinden, christliche Gruppen und Kirchen in der Bundesrepublik Deutschland nur um den Preis ökumenischer Gleichgültigkeit oder Verkümmerung unbeantwortet lassen können. Es handelt sich

1. um die Frage nach einem lebendigen Christusbekenntnis heute gegenüber Vergötzungen ökonomischer und politischer Maßstäbe und Begebenheiten;
2. um ein Programm zur Bekämpfung des Rassismus in der Bundesrepublik Deutschland;
3. um die Vorbereitung und Durchführung der „Ökumenischen Tage" vom 16. bis 19. September 1982 in Mainz, wo sich in Vorbereitung der Vollversammlung des Ökumenischen Rates der Kirchen (Vancouver 1983) Besucher aus anderen Kirchen und Ländern mit ökumenischen Gruppen aus der Bundesrepublik treffen werden.

1.1. Für viele Christen, christliche Gruppen und Gemeinden in der Bundesrepublik Deutschland ist die Betroffenheit durch das Leiden von Menschen in der Dritten Welt, besonders durch die Apartheid im Südlichen Afrika und durch die ungerechte Verteilung von Ressourcen, Lebenschancen und Macht zu einer Frage des aktuellen Bekenntnisses zu Jesus Christus geworden. Sie bringen damit nicht nur eine persönliche Überzeugung zum Ausdruck, sondern fragen nach Konsequenzen für ihr Leben als Glieder des einen Leibes Christi.

Im Welthorizont des christlichen Glaubens wird die eigene Kirche neu gesehen und die Richtung deutlich, in der sie sich wandeln muß. Hier werden Götzen des Status quo in Kirche und Gesellschaft erkannt, deren Herrschaft den Charakter des Status confessionis annimmt. Christen und Kirchen sind zu einer Bekenntnisentscheidung gerufen, in der die Nachfolge Christi alle Lebensbereiche der Menschen, Völker, Rassen und Klassen dem kritischen und heilvollen Zuspruch und Anspruch des Evangeliums aussetzt. Nur im Mittragen dieser

Entscheidung wird eine Spaltung der Kirche verhindert, die schlimmer als die Zertrennung in Konfessionen und Frömmigkeitstypen ist, die Spaltung in eine leidende und eine fremdes Leiden hinnehmende, in eine arme und eine reiche Kirche, in eine Kirche, die für die Opfer göttergleicher Pharaonen Gerechtigkeit und Freiheit fordert, und eine Kirche, die die Pharaonen aller Art stillschweigend gewähren läßt und damit legitimiert. Wohin neigen wir und welchem Teil der Christenheit gehören wir an?

1.2. „Wo ein Glied leidet, leiden alle Glieder mit" (1Kor 12,26). Unsere wirtschaftlichen Strukturen, an denen auch die Kirche teilhat, sind nicht die Lösung , sondern tragen wesentlich zu den ungelösten Problemen der Welt bei. Unser Bekenntnis zu dem einen Christus wird zur Lüge, wo wir den Mächten des Bösen nicht widerstehen, die in politischer, wirtschaftlicher, kultureller und sozialer Unterdrückung der Schwachen und in der Abwertung zu Menschen minderen Rechts und angeblich geringwertiger Rasse sichtbar werden.

Die Kirche Jesu Christi, die sich in den verschiedenen Sozialgestalten der Kirche in der Bundesrepublik (Ortsgemeinden, Initiativgruppen, Landeskirchen, Gesamtkirchliche Werke, EKD) vorfindet, muß in ihrer verantwortlichen Gemeinschaft mit leidenden Gliedern der Christenheit in anderen Teilen der Welt für jede ihrer Sozialgestalten fragen: Was bedeutet es im weltweiten Zusammenhang und dem eigenen gesellschaftlichen Kontext in der Bundesrepublik, heute Jesus Christus glaubhaft zu bekennen? Können wir Christen in der Bundesrepublik angesichts der Herausforderung durch das Leiden zahlloser Glieder des Leibes Christi das Erbe der Bekennenden Kirche vergessen und eine Bekenntnishaltung nur in dogmatisch-verinnerlichter Form verantworten? Können wir uns aus der Bewegung heraushalten, die sich in der Ökumene dort entwickelt, wo neu gefragt wird? Wie muß ein uns verpflichtendes Christus-Bekenntnis unter unseren eigenen gesellschaftlichen Bedingungen aussehen?

1.3. Unsere Erfahrungen mit dem PCR haben deutlich gemacht, daß es nicht gelungen ist, in den Gliedkirchen der EKD, und besonders in den Ortsgemeinden, eine verpflichtende Form des Christus-Bekenntnisses zu erreichen. Vielmehr wurde die Herausforderung durch dieses Programm für uns weitgehend weder gesehen noch aufgenommen. Theologische und politische Stellungnahmen folgten weithin dem Gebot der Ausgewogenheit, um keiner der kirchlichen, gesellschaftlichen oder wirtschaftlichen Interessengruppen weh zu tun. Wie werden die vom Rassismus Betroffenen unsere Glaubwürdigkeit einschätzen, wo doch die deutschen Delegierten in den ökumenischen Gremien den Beschlüssen zum PCR zustimmten und auch die Erklärung des Lutherischen Weltbundes 1977 mittrugen, in der es heißt: „Status confessionis bedeutet, daß Kirchen nach der Basis des Glaubens und, um die Einheit der Kirche zu manifestieren, öffentlich und unzweideutig das bestehende Apartheid-System ablehnen".

1.4. Aus dieser Erfahrung ist exemplarisch zu verdeutlichen, daß ein Bekenntnis ohne tapfere Konfrontation und ohne schmerzhafte Folgen für die Beziehungen zwischen Christengemeinde, Wirtschaftsordnung und Staat nicht möglich ist. Die große Zahl von Initiativgruppen, die das PCR aufgenommen haben, erfahren z.B. bei den ersten Schritten der Solidarität mit Schwarzen in Südafrika, daß sie sowohl als Alibinachweise benutzt als auch auf disziplinierende Weise zurechtgewiesen werden. Kirchliche Leitungsgremien erliegen oft der Versuchung, zwischen unterschiedlichen Positionen christlicher Gruppen den christlichen Auftrag der Versöhnung nur in der verkürzten Form der Harmonisierung oder Neutralität unter möglichstem Beiseiteschieben eindeutiger Positionen wahrzunehmen. Sie vergessen dabei, daß Versöhnung nicht ohne Gerechtigkeit wie Liebe nicht ohne Wahrheit zu haben ist.

1.5. Bekennen gehört zu den selbstverständlichen Lebensäußerungen jeder Kirche in all ihren Gestalten. Aber der häufige Gebrauch dieses Begriffs, die Inanspruchnahme der Worte Bekenntnis und Bekennen für die Ablehnung bestimmter theologischer und ökumenischer Fragestellungen anstelle einer sachlichen Auseinandersetzung, die nicht seltenen, auch kirchlichen „Bekenntnisse" zu unserem Staat und seiner politischen wie wirtschaftlichen Struktur lassen vielen Gliedern unserer Kirche den Ruf der Christenheit zum Bekennen angesichts eines Status confessionis als individuelle Ansichtssache erscheinen, die sie nicht zur eigenen Entscheidung nötigt und ihnen das Nachdenken über die Kosten der Nachfolge Christi erspart. So wird bekennendes Handeln beeinträchtigt, und unsere evangelische Kirche wird eher zu einer angepaßten als einer kritischen und bekennenden Kirche.

1.6. Wir kennen die Schwierigkeiten in Ortsgemeinden und auf vielen Entscheidungsebenen unserer Kirche, ökumenische Anfragen aufzunehmen. Obwohl es Gründe zur Resignation gibt, dürfen wir uns und unsere Kirche nicht in Ruhe lassen. Als Initiativgruppe, die sich dieser Problematik stellt, sind wir eine Gestalt der Kirche und haben Verantwortung, in Gemeinschaft mit der Universalkirche und den Ortsgemeinden uns selbst und die anderen Sozialgestalten der Kirche in unserem Lande zu einem eindeutigen Bekenntnis herauszufordern.

1.7. Unsere Überlegungen führten uns zu folgenden Einsichten und Fragen, die wir uns und unseren Mitchristen vorlegen:

1.7.1. Wir stimmen überein, daß wir am Exempel der Rassismusfrage in Südafrika und in unserem eigenen Lande neu zu lernen haben, für uns die Frage zu stellen, welche Konsequenzen für uns der Status confessionis in dieser Frage verlangt.

1.7.2: Es genügt nicht, verbale Solidarität mit bekennenden Christen und Kirchen zu üben oder nur theoretische Herausforderungen aufzunehmen. Wir suchen nach glaubwürdigen Zeichen und Zeugnissen unserer solidarischen Verantwortung.

1.7.3. Wann, wo und in welcher Frage der zündende Funke zu einer bekennenden Kirche in unserer eigenen Kirche überspringt, kann von uns weder geplant noch gesteuert werden. Auf gemeinsamen Beratungen können wir uns nur immer wieder für die entscheidenden Fragen und ihre ökumenischen Zusammenhänge sensibel machen, um dann vor Ort zu entdecken, wo bekennende Bewegungen arbeiten oder entstehen. Eine unserer Aufgaben wäre dann, diese kleinen konkreten Ansätze bewußt zu machen und die ökumenischen Initiativen nicht verkümmern zu lassen.

1.7.4. Wir fragen uns selbstkritisch, ob wir die Gemeindeglieder oft zu ungeduldig drängen und sie oft zu negativ herausfordern. Könnten wir lernen, positiver und ermutigender mit ihnen zu arbeiten? Wie werden wir mit den Ängsten der Christen und Kirchen fertig, ihre traditionell gelernte und geübte Identität zu verlieren?

1.7.5. Das Bedürfnis nach Ermutigung und Hoffnung spielt auch bei uns selbst eine Rolle. Je konkreter wir uns einsetzen, desto mehr brauchen wir ein tragendes Netz. Dies gilt besonders dann, wenn wir darauf dringen, daß unsere kirchlichen

Initiativen von politischen Aktionen bei unserer Regierung, Wirtschaft, Gewerkschaften usw. begleitet werden.

1.7.6. Wir brauchen dieses Netz auch, um uns gegenseitig zu beraten und den Zeitpunkt zu erkennen, wann und worin wir die institutionalisierte Kirche auf falschem Wege oder gar von der bekennenden Kirche Christi sich trennen sehen. Wir sehen mit Sorge eine dem Bekennen ausweichende Tendenz in unserer offiziellen Kirche, nämlich eine zunehmende Absicherung eigener Interessen, Angst vor Konfrontation und den Machtfaktoren unserer Gesellschaft. Eine Meinungspluralität, die ohne ein offenes Streitgespräch um die Lebensfragen unserer Welt auskommen will, verzichtet auf die Eindeutigkeit und macht aus dem Evangelium unverbindliche Verlautbarungen statt konkrete Botschaft.

1.7.7. Wir haben ferner das Bedürfnis, uns mit anderen Gruppen und Initiativen im In- und Ausland zu verknüpfen, um nicht als Initiativgruppe an den Rand der Kirche abgedrängt zu werden, denn wir verstehen uns als Kirche.

1.7.8. Die Organisationsform und Gestalt dieses Netzes wird in jedem Bereich und durch jeden auslösenden Konfliktfall unterschiedlich zu gewinnen sein.

1.7.9. Wir wissen, daß wir eine bekennende Kirche nicht machen können. Wir sehen aber die Notwendigkeit, uns auf Bekenntnissituationen einzustellen und in den Arbeitsbereichen unserer Volkskirche die Bereitschaft zu solchen Schritten in die Zukunft hinein zu wecken.

2. Herausforderungen an ein glaubwürdiges christliches Bekenntnis:

Im Vertrauen und Hören auf das Evangelium von Jesus Christus gehört es zu den zentralen Aufgaben, den Menschen in unserem Land Mut zum Leben, Zusammenleben und Überleben aller Menschen zu machen, das Vertrauen untereinander zu stärken und Hoffnung für eine humane und gerechte Zukunft zu vermitteln. Darum fühlen wir uns um Christi willen verpflichtet, die Gefahren für das Leben des Einzelnen, unserer Gesellschaft und der Menschheit beim Namen zu nennen und wirkungsvoller zu bekämpfen durch ein mutiges Eintreten für Gottes Gaben und Aufgaben der Gerechtigkeit und des Friedens, der Befreiung und der Liebe, der Bewahrung der Schöpfung und der Eröffnung von Zukunft im privaten wie im politischen Leben.

2.1.1. Wir sehen heute in dem Verlangen nach Sicherheit eine der größten Gefahren für die Menschen. In diesem Verlangen drückt sich der Wille aus, den eigenen Besitzstand, die Privilegien und die ökonomische Vorherrschaft der westlichen Welt ohne Rücksicht auf das Leben und die Bedürfnisse der Armen dieser Erde und unserer Enkel mit allen Mitteln heute zu verteidigen. Die dadurch vorhandene Angst der Privilegierten vor notwendigen Veränderungen im Blick auf eine gerechtere und solidarische Welt ist die massivste Sperre, sich vom Götzendienst des status quo zum Gottesdienst für eine verbesserliche Welt zu bekehren.

2.1.2. Dieses Sicherheitsbedürfnis wird gestützt durch eine auf Ungerechtigkeit begründete Weltwirtschaftsordnung, durch die die Reichen, die ihre Regeln bestimmen, profitieren und Arme ausbluten. Sie vertieft die Kluft zwischen Reichen und Armen und gibt den wirtschaftlich schwächeren Ländern keine faire Chance, einen gerechteren Anteil am Welteinkommen zu erhalten. Verweigerte Gerechtigkeit erhöht das Konflikt- und Gewaltpotential, das vor einer Explosion nur dadurch abgebaut werden kann, daß wie das Brot auf der Welt auch die Macht um der Gerechtigkeit willen geteilt werden muß. Das Sicherheitsstreben macht uns taub für die Schreie der Opfer der bestehenden Weltwirtschaftsordnung und blind für die, die gnadenlos an den Rand gedrückt worden sind und werden.

2.1.3. Können wir christlich glaubwürdig leben und Christus bezeugen, ohne auf eine neue und gerechtere Weltwirtschaftsordnung zu drängen, durch die die knapper werdenden Ressourcen gerechter verteilt werden? Müssen wir nicht nur privat, sondern auch kollektiv über einen neuen Lebensstil nachdenken, der sich an einer solidarischen Weltgemeinschaft orientiert und weniger an einem Verzicht, der aus Überdruß an den sinnlosen Folgen einer Konsumgesellschaft stammt? Dieses solidarische Leben müßte auch neue Maßstäbe für unser eigenes Land setzen, daß die Kluft zwischen Privilegierten und Unterprivilegierten, den Reichen und Armen, den Mächtigen und Ohnmächtigen hierzulande überwunden wird. Wo sind solche Probleme für unsere Gemeinde zu entdecken? Wie sind sie bewußt zu machen und anzugehen?

2.2. Das Sicherheitsbedürfnis ist mit den modernen Massenvernichtungsmitteln maßlos über jedes legitime Sicherheitsbedürfnis der eigenen Seite hinausgeschossen. Es vergißt die legitimen Sicherheitsbedürfnisse der sogenannten Feinde und zukünftiger Generationen. Welche Erziehungsziele und -methoden fordern, welche behindern die Friedensfähigkeit von Menschen, Kirchen und Gruppen unserer Gesellschaft? Dieses Sicherheitsbedürfnis treibt auch unsere Gesellschaft in ein beispielloses Wettrüsten und zudem zu einem von Wirtschaftsinteressen diktierten forcierten Waffenhandel. Wenn wir den Frieden Gottes für unsere Welt ernstnehmen, können wir nicht anders, als stärker denn je für wirksame Abrüstungsschritte einzutreten, gegen die Entwicklung neuer Waffensysteme zu protestieren und für eine Politik der Entspannung uns einzusetzen, die auch bereit ist, eine „Vorleistung" zu erbringen. Wir sehen es als zentrale Aufgabe an, falsche Sicherheitsvorstellungen abzubauen und sich mehr für Verständigung der Völker untereinander zu öffnen, auch wenn sie unterschiedlichen politischen Systemen angehören.

Das Eintreten für Abrüstung in Ost und West, von wo aus auch eine Militarisierung der Zweidrittelwelt ausgeht, schließt nicht aus, daß Befreiungsorganisationen in anderen Teilen der Erde in ihrem Widerstandsrecht im Interesse der Menschenrechte und Selbstbestimmungsrechte von uns unterstützt werden. Dieselben Mächte, die gigantisch aufrüsten und verstärkt Waffen verkaufen, unterdrücken direkt und indirekt gerade jene Völker, die für ihre Freiheit und für mehr Gerechtigkeit kämpfen. Hier muß die Friedensdiskussion in unserem Lande intensiv und offensiv weitergeführt werden. In unseren Gemeinden haben wir die auf der EKD-Ebene weithin gescheiterten Firmengespräche mit Vertretern multinationaler Konzerne und Rüstungsfabriken zu suchen. Das Dilemma mit dem Kodex muß ernsthaft bearbeitet werden. Mit welchen Bundesgenossen können wir reden, mit welchen wieviele gemeinsame Schritte – bei unterschiedlicher Motivation – tun?

2.3. Falsches Sicherheitsdenken führt die Menschen in soziale und kulturelle Ängste und Isolierungen, die sich oft in Arroganz mächtiger Gruppen gegenüber machtloseren Gruppen äußert. Rassismus und Sexismus liefern dafür viele Beispiele auch in unserem Lande. Die häufig bei uns anzutreffende Überzeugung, Modell für andere (z.B. für Ausländer bei uns oder für Entwicklungsländer) zu sein, entspringt einer Selbstsicherheit, die sich selber keiner kritischen Frage stellt.

2.4. Uns wird immer deutlicher bewußt, daß das verzweifelte Festhalten an dem wirtschaftlich „Erreichten" die Lebensbedingungen in unseren Städten immer inhumaner werden läßt: Kinderfeindlichkeit und wachsende Zahlen von Verhaltensstörungen zeigen, daß die Last verweigerter Reformen die schwächsten Gruppen am stärksten trifft. Mißtrauisch reagiert man gegen alternative Lebensformen und Forderungen nach neuen Lebensstrukturen, statt das hier vorhandene menschliche, intellektuelle, emotionale und kreative Potential gegen die ökologische Zerstörung unserer natürlichen Umwelt, gegen die einseitige politische Entscheidung für den Bau und Betrieb von Kernkraftwerken über den Widerstand breiter Bevölkerungsschichten hinweg, positiv zu nutzen. Zu schnell wird als Sachzwang ausgegeben, was wirtschaftlich traditionellen Zielsetzungen oder Interessen wie Effektivität und Leistung zuzuschreiben ist. Es genügt nicht, dem Protest gegen eine wachsende Wohnungsnot nur mit verstärktem Polizeieinsatz zu begegnen. Wir haben zu bedenken, wo durch Rationalisierung Arbeitsbedingungen geschaffen oder Arbeitsplätze vernichtet werden.

2.5. Wir haben an der Erfahrung vieler Gruppen (z.B. unter Hausbesetzern, Kernkraftgegnern und der Friedensbewegung) zu arbeiten, daß in ihrer Selbstsicherheit unsere parlamentarischen Institutionen und ihre vom Volk gewählten Vertreter nur durch spektakuläre, ja oft illegale, aber nicht immer illegitime Akte zu einer Bearbeitung von Mißständen und verdrängten Alternativen gezwungen werden konnten. Die verantwortliche Partizipation aller Menschen an Entscheidungs- und Planungsprozessen in Kirche und Gesellschaft – eine gemeinsame Forderung von Demokratie und christlichem Glauben – fragt nach neuen Formen, sich auszudrücken.

3. Wir rufen dazu auf,

3.1. daß sich alle Bewegungen, die sich auf landeskirchlicher Ebene gebildet haben, um im Sinn einer bekennenden ökumenischen Kirche Jesu Christi auf regionale Kirchenstrukturen und Ortsgemeinden einzuwirken, auf Bundesebene sammeln (z.B. Pro Ökumene Württemberg, Arbeitsgemeinschaft Solidarische Kirche Westfalen);

3.2. daß sich kirchliche Gruppen, die aus verschiedenen Anlässen ähnliche Ziele verfolgen, ebenfalls auf landeskirchlicher Ebene sammeln, wo dies sinnvoll oder geboten ist;

3.3. daß zu dieser Bewegung auf eine bekennende ökumenische Kirche Jesu Christi hin auch einzelne Initiativgruppen oder bundesweite Initiativen eingeladen sind, die an den entscheidenden Bekenntnisfragen heute (s. Abschnitt 2) arbeiten (z.B. Ökumenische Initiative „Eine Welt", Darmstädter Konferenz, Frauen für Südafrika, Frauen für den Frieden, „Kirche von unten", Aktion 365, Freiheit für Wort und Dienst).

4. Wir streben durch Informationsaustausch und regelmäßige Treffen an,

4.1. – gemeinsam zu entdecken, wie wir heute bekennen und Kirche Jesu sein können;

4.2. – Einzelne und Gruppen zu unterstützen, die um ihres Bekenntnisses willen in Kirche und Gesellschaft diskriminiert oder unterdrückt werden;

4.3. – uns mit unseren ökumenischen europäischen Nachbarn gegenseitig zu beraten und, wo geboten, mit ihnen gemeinsame Schritte zu tun.

5. Wir verpflichten uns selbst,

5.1. – 3 % unseres Einkommens für ökumenische und entwicklungspolitische Projekte zu spenden,

5.2. – 1981 und 1982 jeweils DM 50.- (Arbeitslose, Schüler und Studenten jeweils DM 20,-) zur Vorbereitung der Ökumenischen Tage in Mainz vom 16. - 19. September 1982 zu geben,

5.3. – Zeit und Energie zur Mitarbeit in Gruppen oder zur Vernetzung der Gruppen, die an gemeinsamen Zielen arbeiten, zur Verfügung zu stellen.

MAINZER ÖKUMENISCHE ERKLÄRUNG

Vorbemerkung:

Der Arbeitskreis „PLÄDOYER FÜR EINE ÖKUMENISCHE ZUKUNFT" hat durch seinen Fortsetzungsausschuß aus Anlaß der Mainzer Ökumenischen Tage (16.–19.9.82) eine ökumenische Erklärung vorgelegt. Er möchte damit als eine Gruppe von Christen, die der ökumenischen Bewegung Entscheidendes verdanken, zum Ausdruck bringen, wie er das Thema von Vancouver „Jesus Christus – das Leben der Welt" versteht und zu welchen Konsequenzen er sich herausgefordert sieht. Er spricht damit in erster Linie sich selbst und alle Gemeinden an. Er stellt seine Überlegungen für den ökumenischen Austausch vor und in Vancouver zur Verfügung. Und er wendet sich an alle Verantwortlichen der verfaßten Kirche, um ihr Mut zu einer ökumenischen Zukunft zu machen.

Die Erklärung wurde im ersten Teil der Ökumenischen Tage in Mainz lebhaft diskutiert. Zahlreiche Vorschläge vor allem zur stärkeren Konkretisierung des Entwurfes wurden in den Text eingearbeitet. Darüber hinaus wurde von manchen Diskussionsgruppen vorgeschlagen, in künftigen Beiträgen zum ökumenischen Gespräch

- eher von Erfahrungen und Konflikten als von vorformulierten theologischen Positionen auszugehen
- die verfaßten Kirchen deutlicher an ihre ökumenische Verantwortlichkeit zu erinnern
- den Grundton der Freude im Evangelium stärker zum Ausdruck zu bringen.

So ist diese Erklärung nicht das Ergebnis der Mainzer Ökumenischen Tage, das eher von den Berichten der Arbeitsgruppen wiedergegeben wird. Sie ist ein von der Diskussion in Mainz mitgeprägter Beitrag zum ökumenischen Gespräch, den der Fortsetzungsausschuß des Plädoyerkreises verantwortet und zu dessen Unterzeichnung er einlädt.

1. Jesus Christus – das Leben der Welt

Unter diesem Thema lädt der Ökumenische Rat der Kirchen zu seiner VI. Vollversammlung 1983 nach Vancouver/Canada ein. Wir greifen dieses Thema auf. Wir wollen damit sagen: In Jesus Christus bringt Gott Leben in die Welt, will es erhalten und wird es zu seinem Ziel bringen. Wo Jesus Christus gegenwärtig ist, da geschieht Befreiung zum Leben – zur Gemeinschaft mit Gott, zum Einklang mit seiner Schöpfung, zur Partnerschaft mit anderen Menschen und zur eigenen Entfaltung. Gott sagt uns zu und macht uns Mut, daß wir in Frieden, Gerechtigkeit, Menschenwürde und solidarischer Gemeinschaft leben können.

1. Jesus Christus ist das L e b e n der Welt: Das ist kein zeitloser dogmatischer Satz. Das gibt uns Rückendeckung und ist zugleich eine aktuelle Kampfansage. Gott will nicht, daß Angst, Gewalt und Tod triumphieren. In Jesus Christus widersteht er allem todbringenden Geschehen. Jesus Christus ist Helfer und kritischer Freund aller, die sich gegen Bedrohung und Beschädigung des Lebens zur Wehr setzen und eintreten für ein Leben in Frieden, für die Bewahrung der lebensspendenden Natur, für das Lebensrecht des Feindes, für lebendige Gemeinschaften, für lebenswerte Stadtteile, für sinnvolle Arbeit und lebensfördernde Technologie, für die Lebenschancen auch der künftigen Generationen. Jesus Christus ist das Leben der W e l t : Er ist mehr als nur das Leben der Kirche. Die Christenheit, die in Jesus Christus das Leben empfängt, will alle Welt daran teilhaben lassen. Darum ist die Sorge um den Bestand unserer Kirchen und ihres besonderen Erbes unnötig. Wir sind beauftragt und herausgefordert, das Leben Gottes in dieser Welt zu bezeugen und den Anspruch des Evangeliums durch keine Sachzwänge unserer Gesellschaft einschränken zu lassen.
2. Leben als Gabe Jesu Christi ist Leben in seiner N a c h f o l g e :
   - Sein Leben für die Welt hat ihn das Leben gekostet. Die Kreuzigung Jesu war die Antwort der Welt auf seine Zuwendung zu den Sündern, auf sein Eintreten für die Schwachen und auf seine Kritik an den Mächtigen. Von Dietrich Bonhoeffer haben wir neu gelernt: Gott geht den Weg der Ohnmacht solidarisch mit den Ohnmächtigen bis ans Ende. Darin bewährt er die Macht seiner Liebe und entlarvt alle Vergötzung menschlicher Macht. Das Zeugnis des Lebens in der Nachfolge Jesu

Christi provoziert auch heute Widerspruch und Anfeindung. Sind wir bereit, dieses „Kreuz auf uns zu nehmen?"

- Nachfolge Jesu Christi mutet keine untragbare und vergebliche Last zu. Die Botschaft von seiner Auferstehung gibt frohe Zuversicht, daß der Weg mit ihm nicht im fruchtlosen Dunkel endet. Dieser Weg führt in die Gemeinschaft von Menschen wie Martin Luther King jr., der am Ende seines Lebens sagte: „Ich habe einen Traum, daß eines Tages die Menschen aufstehen werden und sehen, daß sie dazu geschaffen sind, als Geschwister zu leben."
- Wer sich an den Auferstandenen hält, sucht Frieden und Gerechtigkeit und nimmt dafür Risiken auf sich. Der Glaube an ihn weckt Kräfte des Lebens und Widerstand gegen die Mächte des Todes, gegen die militärische Kalkulation mit tödlicher Bedrohung, gegen die Zerstückelung unserer Lebenszusammenhänge und gegen die Mißachtung der Lebensrechte der Natur und aller Kreaturen. Dieser Glaube kapituliert nicht vor den Todesgefahren, die die Menschen selber verursachen. Er bezeugt den, der „Leben und volles Genüge" zusagt (Joh. 10,10). Dieser Glaube ist in aller Begrenzung durch den Tod gewisse Hoffnung auf das Leben, dem keine irdische Grenze mehr gesetzt sein wird. In solchem Glauben kann auf dieser Erde menschlich gelebt und gestorben werden.

3. Jesus Christus – das Leben der Welt: das ist die Proklamation einer grenzenlosen H o f f n u n g für die ganze Welt. Diese Hoffnung ist nicht beschränkt durch unsere religiösen und politischen Grenzziehungen. Sie macht uns frei für Menschen anderer Glaubensweisen und Ideologien und öffnet uns für deren Erfahrungen, Überzeugungen und Anfragen. In diesem Dialog vertrauen wir auf die gewinnende Kraft des Geistes Gottes.

   Auf dem Weg der Nachfolge und der Hoffnung werden nicht alle unsere Wünsche erfüllt, aber wir sind gewiß, daß Gott treu ist in seinen Verheißungen für das Leben der Welt.

II. Umkehr und Erneuerung

Der Ökumenische Rat der Kirchen hat der Evangelischen Christenheit in Deutschland nach der Stuttgarter Schulderklärung vom Oktober 1945 die Hand zur Versöhnung gereicht. Das gab uns die

Möglichkeit zu Umkehr und Neuanfang. Wichtige Anstöße für den weiteren Weg unserer Kirche sind von dort ausgegangen. Wir verdanken dieser Gemeinschaft

- ein neues Sehen, das die Wirklichkeit und uns selbst mit den Augen der anderen entdeckt,
- ein neues Hören, das aus der Bibel angesichts unserer Welt die Stimme Jesu Christi vernimmt, der für die Armen und Unterdrückten eintritt,
- ein neues Tun, das durch partnerschaftliches Teilen mehr Gerechtigkeit verwirklichen möchte,
- ein neues Reden, das in Pflicht genommen ist durch den Kampf und die Leiden der Geschwister in der Welt und unter uns, deren Menschenwürde verletzt und zerstört wird.

Wir sind verbunden mit Christen in aller Welt, mit Kirchen in allen Kontinenten. Dies verdanken wir der ökumenischen Bewegung, dem weltweiten Zusammenschluß der Kirchen, „die den Herrn Jesus Christus gemäß der Heiligen Schrift als Gott und Heiland bekennen und darum gemeinsam zu erfüllen trachten, wozu sie berufen sind, zur Ehre Gottes, des Vaters, des Sohnes und des Heiligen Geistes" (Basis des ÖRK). In dieser Gemeinschaft erfahren wir trotz aller Unterschiede, Gegensätze und Konflikte das Geschenk von Umkehr und Erneuerung. Deshalb erneuern wir heute unsere Bereitschaft und Verpflichtung, die ökumenische Gemeinschaft mit allen unseren Kräften zu stärken und zu vertiefen.

Wir haben aber auch erlebt, daß unser Neuanfang in der ökumenischen Christenheit in ersten Ansätzen steckengeblieben ist. Rückblickend müssen wir bekennen, daß unsere Kirchen sich zunehmend durch theologische Abgrenzungen verbindlicher ökumenischer Gemeinschaft entzogen haben. Wir wissen zwar um die reichliche materielle Unterstützung der ökumenischen Bewegung aus den evangelischen Kirchen in Deutschland; wir hoffen, daß auch künftig solche finanziellen Beiträge geleistet werden, ohne die Freiheit unserer Partner zu beeinträchtigen.

Aber materieller Ausgleich ist nicht genug. Vorrangig ist die Umkehr und Erneuerung zu einer verbindlichen ökumenischen Gemeinschaft im Glauben, im Gebet, im Bekenntnis, im Mahl des Herrn und im Dienst an der Welt. Wir haben diese Gemeinschaft nötig, wie einer seine Freunde braucht.

III. Gefährdungen des Lebens heute

Gott will das Leben der Welt. Wir sehen, wie Menschen die Welt immer neu in den Tod stürzen. Darum müssen wir Gottes Widerspruch gegen die Gefährdungen des Lebens bezeugen. Wir tun dies am Leitfaden der Unterthemen der Vollversammlung des Ökumenischen Rates von Vancouver. Diese Anstöße fordern unser Engagement heraus, und sie sind zugleich Fragen an uns selbst und unsere Mitchristen.

1. Leben als Schöpfung Gottes

In unserer Gegenwart zeigt sich, wie weit mit der schrankenlosen Ausbeutung von Natur und Umwelt Gottes Schöpfung angetastet, das ökologische Gleichgewicht zerstört und die Erde auf Dauer unbewohnbar gemacht wird. Wir bekennen, daß die Christenheit diesen Mißbrauch des Fortschritts mitverschuldet hat. Wir haben die biblische Weisung „Macht euch die Erde untertan" mißverstanden, als stünden uns die natürlichen Ressourcen der Erde unbegrenzt zur Verfügung, und als dürfe der Mensch alles, was technisch-industriell machbar ist, auch verwirklichen.

In diesem Wahn der Weltbemächtigung wird Gottes Schöpfung beschädigt und zerstört. Dies sind Auswirkungen einer Produktionsweise, die auf den linearen Zuwachs von Waren und Dienstleistungen setzt, ohne nach deren qualitativem Beitrag zu sinnvollem Leben und Zusammenleben zu fragen. Sie führt zu einem Mangel an Arbeitsplätzen bei uns ebenso wie zur Ausbeutung gerade der Ressourcen, die in der 3. Welt dringend zur Schaffung menschenwürdiger Lebensbedingungen benötigt werden. Sie prägt unser Bewußtsein und verstellt den Ausblick auf eine gerechte Neuverteilung der Güter, wie auf eine ökologisch und sozial verantwortbare neue Produktentwicklung und Arbeitsorganisation.

In der ökumenischen Bewegung sind uns die Augen dafür geöffnet worden, daß eine rein ökonomisch und militärisch orientierte Wachstumspolitik nicht nur die eigene Lebenswelt bedroht, sondern auf Dauer einen Ausgleich zwischen Nord und Süd blockiert und damit ein friedliches Überleben der Menschheit aufs höchste gefährdet. Wir müssen lernen: „Ökologische Verträglichkeit und ökonomische Gerechtigkeit sind die Überlebensbedingungen der einen Welt."

Worum geht es konkret?

Der notwendige Abschied von dem maßlosen Wunsch, die Welt zu beherrschen, beginnt mit Veränderungen bei uns selbst. Wir müssen lernen, uns wieder neu als Teil der Schöpfung, uns Menschen als Teil der Natur zu verstehen. Es gilt, Grenzen zu achten, die uns Menschen aus unseren ökologischen Lebenszusammenhängen heraus gesetzt sind. Konsequenz wird ein anderer Lebensstil sein – insbesondere bei uns –, damit andere einfach leben können.

Für uns heißt das:

- Wir müssen heraus aus der Gedankenlosigkeit, die ohne Bedenken über die Schöpfung verfügt und den eigenen Besitzstand über das Lebensrecht anderer stellt.
- Wir nehmen an Bewegungen teil, die der Umweltzerstörung durch Großprojekte und Risikotechnologien wehren, die anderes Leben und Arbeiten entwickeln möchten.
- Wir treten für eine ökologische und soziale Neuorientierung in der Prioritätensetzung der öffentlichen wie kirchlichen Haushalte und für eine ressourcenschonende Produktionsweise ein, die Arbeitsplätze schafft, statt sie zu vernichten, die auch den Ländern der III. Welt nützt, statt deren Reichtümer zu verschwenden.
- Wir verpflichten uns selbst, auf umweltschädliche Konsumgewohnheiten und unangemessenen Aufwand in unserem Lebensstil zu verzichten und uns um einen sparsamen Einsatz von Energie zu bemühen.

2. Leben statt Töten

Die christliche Gemeinde hat von Jesus Christus die Verheißung empfangen, daß es auf unserer Erde möglich ist, menschlich zu leben und zu sterben. Deshalb bejahen wir die ökumenische Erkenntnis, daß „Krieg nach dem Willen Gottes nicht sein darf".

Eine der größten Bedrohungen des Lebens geht von dem forcierten Wachstum der militärischen Rüstung aus. Unser Aberglaube an die Macht der Waffen führt nicht allein im Falle eines atomaren Krieges zur Vernichtung der Menschheit. Schon heute zerstört das ständig gesteigerte Wettrüsten das Leben von Millionen Menschen in der Dritten Welt und gefährdet die Lebensmöglichkeiten künftiger Generationen dort und bei uns.

Wir Christen in der Bundesrepublik Deutschland tragen die unheilvolle Last einer Vergangenheit, in der unser Volk den II. Weltkrieg begonnen hat, ohne daß unsere Kirchen gewarnt und sich dem Unheil in den Weg gestellt hätten. Ja wir müssen sogar sagen, daß wir aufgrund unserer theologischen Tradition dazu nicht in der Lage gewesen sind. Die Verpflichtung, daß im deutschen Interesse kein Krieg mehr begonnen werden darf, ist deshalb nicht nur ein Gebot politischer Vernunft. Sie entspringt vielmehr erkannter Schuld und erfahrener Vergebung, welche uns in der ökumenischen Gemeinschaft geschenkt wurde.

Worum geht es konkret?

Wir sind dankbar dafür, daß unsere Kirchen zur Aussöhnung mit dem Westen und dem Osten beigetragen haben. Wir erkennen auch, daß dadurch lebendige Impulse zur Zusammenarbeit und zur Entspannung in Europa gegeben wurden. Aber wir sehen daneben, daß sie es an Mut und Eindeutigkeit haben fehlen lassen, um jene Gefahren deutlich zu machen, die in der Politik der atomaren Abschreckung liegen. Das Streben nach Ausgewogenheit und die Scheu vor Konflikten haben das kirchliche Verhalten oft stärker bestimmt als der Auftrag eines klaren Zeugnisses für den Frieden. In diesem Sinne werden auch die Heidelberger Thesen, die eigentlich Alternativen eröffnen sollten, immer wieder zur Verteidigung der herkömmlichen Sicherheitspolitik mißbraucht.

Die Unabhängigkeit der Kirche gegenüber den politischen Gewalten müßte sich gerade darin bewähren, daß sie auch unbequeme Wahrheiten unzweideutig ausspricht – etwa die Tatsache, daß in unserem Land im „Verteidigungsfall" alles zerstört wird, was durch die militärische Rüstung geschützt werden soll. Deshalb bejahen wir auch die Erklärung des Moderamens des Reformierten Bundes, in der eine eindeutige Absage an Einsatz und Besitz der Massenvernichtungsmittel ausgesprochen wird.

Für uns heißt das:

- Im Bekenntnis zu Jesus Christus erkennen wir, daß unser „Vertrauen" in ein Sicherheitssystem, das die Vernichtung der Schöpfung Gottes androht und die Ausrottung des Lebens einkalkuliert, Sünde ist.
- Wir erkennen mit wachsender Bestürzung den Gegensatz zwischen dem Friedensgebot Jesu und einem politischen Konzept, das versucht, den gebotenen Schutz der Mitmenschen durch militärische Aufrüstung zu gewährleisten. Wir hören die Aussagen des Evangeliums zunehmend als Verheißung, daß „intelligente Feindesliebe" im Sinne der Bergpredigt ein Weg zur Konfliktregelung auch zwischen verfeindeten Völkern werden kann.
- Für uns ist heute der Zeitpunkt gekommen, wo Skandal und Risiko der Rüstungsspirale höher zu veranschlagen sind als der vermeintliche Nutzen der Abschreckung.
- Wir beteiligen uns an der weltweiten Friedensbewegung. Innerhalb unseres Bündnissystems treten wir ein für kalkulierte einseitige Abrüstungsschritte, um einen Prozeß stufenweiser Abrüstung in Gang zu setzen. Wir setzen uns dafür ein, daß in unserem „Verteidigungsbereich" keine weiteren Atomraketen stationiert werden.
- Wir wollen Zeichen der Ermutigung setzen, indem wir an lokalen Friedensprogrammen mit allen Menschen guten Willens zusammenarbeiten. Viele von uns unterstützen deshalb das Modell der „Atomwaffenfreien Zone".

3. Leben in Fülle

Die Vollversammlung des Ökumenischen Rates 1975 hat in Nairobi erklärt: „Alle Menschen sind nach Gottes Bild geschaffen, sind gleich und unendlich wertvoll in Gottes und unseren Augen. Durch sein Leben, seinen Tod und seine Auferstehung hat Jesus Christus ein festes Band zwischen uns geschaffen, und was einen von uns betrifft, betrifft uns alle." Leben in der Fülle hat er allen zugesagt. Aber der Wille zur Selbstbehauptung und Absicherung des eigenen Lebens wird zur Schranke und zur Verletzung der Rechte der anderen.

Offensichtliche, krasse Verletzung der Menschenrechte durch Folter und Todesstrafe, Hunger und Napalm, rassistische oder religiöse Diskriminierung wird heute zunehmend verurteilt. Aber die Mißachtung der Menschenrechte im Alltag bleibt weithin unbeachtet. Wir wissen um unsere eigene Neigung zur Intoleranz und zur Diskriminierung von Minderheiten, um unsere Fähigkeit, vor dem Leiden der Ohnmächtigen die Augen zu verschließen. Uns ist erst allmählich bewußt geworden, daß unsere Privilegien und Freiheiten zu Lasten der Menschen der armen Länder gehen.

Aus der Ökumenischen Bewegung haben wir gelernt, daß wir unser individualistisches, liberales Menschenrechtsverständnis zu einer umfassenderen sozialen Sicht erweitern müssen. Freiheit des Gewissens und der Religion, Gleichheit vor dem Gesetz wie die Möglichkeit zur Mitwirkung an gesellschaftlichen und politischen Entscheidungsprozessen setzen das Recht auf materielle Existenz, auf Arbeit und Bildung voraus. Ökumenische Erfahrung hat uns zugleich gelehrt, daß Armut und Ungerechtigkeit in den Ländern der Dritten Welt nicht schicksalhaft vorherbestimmt sind. Sie sind teilweise eine Folge von internen Faktoren in den Ländern der Dritten Welt, vor allem aber einer abhängigen Entwicklung und einer ungerechten Weltwirtschaftsordnung.

Worum geht es konkret?

Der Kampf um den Schutz der Menschenrechte gehört zusammen mit dem Ringen um wirtschaftliche und soziale Gerechtigkeit. Wir hören den Schrei der Armen und Unterdrückten nach Befreiung und lassen uns von ihnen in Anspruch nehmen. Wir wenden uns gegen jede Diffamierung ihres Kampfes, die von Vorurteilen und den Interessen der Reichen bestimmt ist.

Der Ökumenische Rat der Kirchen hat zum Kampf gegen Rassismus aufgerufen und in diesem Zusammenhang für eine Umverteilung von materiellen Gütern und Macht gesprochen. Wir unterstützen dieses Programm und diesen Einsatz, der zu Unrecht als Aufforderung zur Gewalt verstanden worden ist.

Das Problem der sozialen Gerechtigkeit bedrängt zunehmend auch unser Land. Wie in allen Industrienationen zwingt auch in der Bundesrepublik die wachsende Arbeitslosigkeit zu einer gerechteren Verteilung von Arbeit. Das System von Wettbewerb, Konzentration und Rationalisierung benachteiligt vor allem die Schwachen. In den Auseinandersetzungen um die Überwindung der gegenwärtigen Wirtschaftskrise widersprechen wir der Auffassung, daß wachsende Arbeitslosigkeit und drastische Beschneidungen von Sozialleistungen

Voraussetzungen seien zur Behebung der Krise. Für uns liegt eine vordringliche Aufgabe darin, zu einer neuen sozialen Solidarität zu finden und sie in die Tat umzusetzen, etwa indem wir die immer noch großen Einkommensunterschiede verringern oder Arbeitsplätze teilen. Wir Christen sehen uns und unsere Kirchen dazu vorrangig verpflichtet.

Wir sind täglich an rassistischer Diskriminierung von Ausländern und an der steigenden Ausländerfeindlichkeit in unserem Lande direkt oder indirekt beteiligt. Wir wenden uns dagegen, die Ausländer zu Sündenböcken unserer wirtschaftlichen Schwierigkeiten zu machen. Wir sehen mit Sorge, daß Willkürpraxis von Behörden, diskriminierende Sprachregelungen in Ausländererlassen und restriktive gesetzgeberische Maßnahmen der letzten Jahre dieser Ausländerfeindlichkeit Vorschub geleistet haben und sie noch fördern. Die offen propagierte militante Parole, Ausländer müßten von unserem Lande abgeschreckt werden, lehnen wir ab.

Für uns heißt das:

- Wir setzen uns für Achtung und Schutz der Würde unserer Mitmenschen ein. Wir wollen nicht müde werden anzuklagen, wenn durch willkürliche Verhaftungen und Folter, durch rassistische Unterdrückung oder Verweigerung von Religions- und Gewissensfreiheit Menschen entrechtet werden.
- Wir wollen die Stimme derer verstärken, die sich aus Abhängigkeit, Unterdrückung oder Armut zu befreien versuchen, und lassen sie unsere Verbundenheit spüren. Wir erwarten von den Repräsentanten unserer Kirchen erkennbare Schritte der Solidarität und ermutigen sie insbesondere, auf eine gerechtere internationale Wirtschaftsordnung zu drängen. Wir fragen uns, unsere Kirchen und ihre Amtsträger, ob wir die Mahnungen auch der ökumenischen Gemeinschaft zu unserem Umgang mit dem Geld der Kirche ernst genug nehmen.
- Wir sehen uns insbesondere zur Solidarität mit unseren rassisch diskriminierten schwarzen Schwestern und Brüdern in Südafrika und Namibia aufgerufen. Das heißt konkret, die Bundesregierung aufzufordern, die Zusammenarbeit mit der Apartheidregierung in Südafrika besonders im militärisch-technologischen Bereich und auf wirtschaftlichem Gebiet einzustellen und die UNO-Resolutionen zu Sanktionen gegen Südafrika zu befolgen. Es heißt aber auch konkret, den Aufruf der Evangelischen Frauenarbeit in

Deutschland zum Boykott von Waren aus Südafrika aktiv zu unterstützen.

- Wir wollen Überlegenheitsgefühle und Unterlegenheitsgefühle gegenüber Minderheiten bei uns selbst offenlegen und ihnen widerstehen. Besonders treten wir ein für die Rechte der Ausländer und Asylsuchenden, für Respekt vor ihrer Würde, vor ihrer Religion, vor ihrer Eigenart. Im Zusammenleben mit ihnen sehen wir die Chance, von ihnen zu lernen und zu einer menschenwürdigeren Gesellschaft zu finden – zu einem Leben in Fülle.

4. Leben in Einheit

Das entscheidende Geschenk der Ökumenischen Bewegung besteht für uns darin, zu einer Gemeinschaft zu gehören, die Kinder, Frauen und Männer aus allen Rassen und Nationen der Welt umschließt. Wir erfahren die vereinigende Kraft des Evangeliums, welche die Vielfalt der Kulturen und Gesellschaftsordnungen durchdringt, die aber auch größer und weiter ist als die Kirchen, in denen wir aufgewachsen sind. Dieses Geschenk verpflichtet uns, Kirchenspaltungen zu überwinden und feindselige Gegensätze zwischen Völkern und Kulturen aufzulösen. Es macht uns frei, in Gruppen und Gemeinschaften mitzuarbeiten, in denen Menschen ihre Probleme und Aufgaben, aber auch ihre Sünde und ihr Leid offen miteinander teilen. Nur wenn die Christenheit die Einheit in Christus in Gebet und Arbeit, im Dienst vor Gott und an der Welt sichtbar bewährt, ist sie ein lebendiges Hoffnungszeichen für eine Menschheit, die lernen muß, das Leben auf dieser Erde gemeinsam und gerecht zu gestalten.

Worum geht es konkret?

Wir schließen uns der weltweit proklamierten Forderung an, daß es zwischen Frauen und Männern eine ebenbürtige Gemeinsamkeit geben muß. Zugleich beunruhigt uns die Feststellung, daß unsere Kirchen nach wie vor weithin von Männern bestimmt und geleitet werden.

Es liegen heute wichtige Ergebnisse von theologischen Kommissionen vor, in denen entscheidende Annäherungen zwischen den Kirchen zutage treten. Die Verständigung, die diese Gespräche über die Bedeutung von Taufe und Abendmahl, aber auch über andere theologische Fragen herbeigeführt haben, zieht den Abbau gewichtiger konfessioneller Schranken nach sich. Diese Entwicklung verstärkt die Sehnsucht, die uns insbesondere mit vielen konfessionsverschiedenen Ehepaaren verbindet, nach versöhnten Gemeinden, in denen die konfessionellen Gegensätze überwunden sind. Wir können uns nicht damit abfinden, daß Menschen dem Glauben entfremdet werden und in den Gemeinden keine Heimat finden, weil starre Vorschriften und Verordnungen die Zerrissenheit der Kirchen verlängern und die seelsorgerlich wie theologisch gebotene Vereinigung behindern.

Die Versöhnung der Gemeinde Christi wird heute nicht nur durch Unterschiede der Lehre blockiert, sondern auch durch die Schranken des Rassismus. Dabei wissen wir, daß niemand wegen seiner Hautfarbe oder Volkszugehörigkeit von der Gemeinschaft des Leibes Christi ausgeschlossen werden darf. Daß an dieser Stelle der Status confessionis (Bekenntnisstand) gilt, haben der Lutherische und der Reformierte Weltbund betont.

Durch die ökumenische Erneuerung ist es an vielen Orten zu echter Gemeinschaft zwischen Christen gekommen, die früher wegen ihrer Herkunft, Tradition und Frömmigkeit getrennte Wege gingen. Zugleich bahnt sich bei uns, aber auch bei anderen Kirchen des Westens eine Spaltung zwischen den Evangelikalen und „Ökumenikern" an.

Für uns heißt das:

- Wir treten ein für eine offene und faire Partnerschaft von Frauen und Männern auf allen Ebenen von Kirche und Gesellschaft.
- Wir treten dafür ein, daß der alte ökumenische Grundsatz „nichts getrennt zu tun, was man gemeinsam tun kann" angesichts der unübersehbaren theologischen Annäherung beherzt und entschlossen befolgt wird.
- Wir treten dafür ein, daß konfessionsverschiedene Ehepaare nicht als Belastungen des konfessionellen Nebeneinanders angesehen werden, sondern als Glücksfälle für ein neues ökumenisches Lernen in den Gemeinden.
- Wir wollen die konziliare Gemeinschaft der Kirche fördern und damit ihren schöpferischen, die Vielfalt achtenden, zu wechselseitiger Rechenschaft verpflichteten Lebensstil stärken. Deshalb wehren wir uns gegen Bestrebungen in unseren Kirchen, die ihre

konfessionelle Besonderheit überbetonen und deshalb in einer distanzierten ökumenischen Nachbarschaft gefangen bleiben.

- Wir setzen uns dafür ein, daß die Rivalitäten und Spaltungen innerhalb der alten Kirchen nicht mehr länger auf die Kirchen in der Dritten Welt übertragen werden und dort die möglichen und notwendigen Einheitsprozesse blockieren. Dies gilt insbesondere im Blick auf konkurrierende Finanzmittel und auf alle Versuche, ihre Verwendung zu kontrollieren.
- Wir treten dafür ein, daß die unterschiedlichen Einstellungen und Einschätzungen der Arbeit des Ökumenischen Rates der Kirchen in fairen und sachlichen Diskussionen behandelt werden. Wir vertrauen darauf, daß wir im gemeinsamen Hören auf das Wort der Bibel die Wahrheit über den rechten Weg der ökumenischen Bewegung finden werden.

IV. Unsere ökumenische Zukunft

Sollen unsere Überlegungen mehr sein als bloße Vorsätze und Wünsche, bedarf es einer Umkehr und Erneuerung hin zu dem biblischen Bild des Zusammenwirkens aller Glieder am Leibe Christi. Wie die ökumenische Bewegung vom Austausch der Gaben lebt, können auch in unseren Gemeinden und Kirchen die Fragen von Leben und Zukunft nur im Austausch miteinander sinnvoll beantwortet werden. Die Vielfalt der Ämter und Dienste, des Einsatzes und der Erfahrungen, der Einsichten und Anregungen ist ernst zu nehmen und fruchtbar zu machen. Dazu muß es zu einem neuen Miteinander von institutioneller Kirche einerseits und freien Gruppen und Bewegungen andererseits, auch zu einem besseren Miteinander von Gemeinden, übergemeindlichen Diensten und Leitungsorganen kommen. Keine legitime Erscheinungsform der Kirche darf zugunsten anderer übergangen werden, aber auch von keiner ein Alleinvertretungsanspruch erhoben werden, wenn das „Priestertum aller Gläubigen" nicht ein leeres Wort bleiben soll. Bei aller Klarheit eigener Entscheidungen soll deutlich werden, daß auch die Stimmen der anderen gehört und bedacht sind.

Wir sprechen unser Ja zur Ökumenischen Bewegung zu einem Zeitpunkt, da sich verschärfende politische Krisen und zunehmende soziale Konflikte unsere Kirchen in der Versuchung bestärken, sich in eine vermeintlich feste Burg kirchlicher Bestandssicherung zurückzuziehen. Auch wir haben durch Resignation und Selbstzufriedenheit Anteil an solcher unökumenischen Haltung. Darum erneuern wir heute unser Bekenntnis zu „Jesus Christus, dem Leben der Welt". Wir, das sind Mitarbeiter aus Kirchengemeinden, kirchlichen Werken und Diensten, aus Kommunitäten und Arbeitskreisen evangelischer und katholischer Christen, aus Dritte-Welt-Initiativen und Menschenrechtsgruppen, Friedensdiensten und kirchlicher Entwicklungsarbeit, Gruppen aus der Frauenbewegung, der Ökologiebewegung und der Arbeiterbewegung. Wir alle haben unsere ökumenische Bewährung noch vor uns; denn es bahnt sich eine Spaltung des Leibes Christi an, die zerstörerischer ist als frühere Trennungen in Konfessionen und Frömmigkeitstypen: die Spaltung in arme und reiche Kirchen, in solche, die mit ihren Völkern unter Entbehrung und Ungerechtigkeit leiden und solche, die dieses Leiden widerspruchslos hinnehmen und daraus ihren Nutzen haben. Hier sehen wir uns und unsere Kirchen zu einer Bekenntnisentscheidung gerufen.

DIE DOMINANZ DES ÖKONOMISCHEN DURCHBRECHEN – IN GERECHTIGKEIT INVESTIEREN

Plädoyer im konziliaren Prozeß

Das Plädoyer für eine ökumenische Zukunft führt seit zehn Jahren ökumenisch engagierte Gruppen, Gemeinden und Einzelpersonen zusammen, um in der eigenen Gesellschaft und Kirche für Gerechtigkeit, Frieden und Bewahrung der Schöpfung zu streiten.

Der Fortsetzungsausschuß und ein Redaktionskreis des Plädoyers nehmen mit diesem Dokument im konziliaren Prozeß Stellung.

Wir laden alle ein, auch Stellung zu beziehen, die angeschnittenen Fragen in Gruppen und Gemeinden zu erörtern und konkrete Schritte zu riskieren.

I. VON DER DOMINANZ DES ÖKONOMISCHEN IN KIRCHE UND GESELLSCHAFT

Eine enge Verflechtung zwischen Kirche und Staat in Wirtschafts- und Finanzstrukturen wurde 1982 von einer Besuchergruppe des Ökumenischen Rates der Kirchen in der Bundesrepublik festgestellt. Vor allem das Kirchensteuersystem, das zwischen Staat und Kirche vereinbart ist, wurde als problematisch gesehen. Folgende Beobachtungen wurden genannt:

- Ein zentralisiertes kirchliches Leben und eine zentralisierte kirchliche Macht existieren ziemlich unabhängig vom geistlichen Leben und Engagement der Kirchenmitglieder, inbegriffen der Armen unter ihnen.
- Die Kirche wird viel eher als mächtige Institution angesehen, die eng mit den unterdrückenden Kräften und den herrschenden Schichten verbunden ist, und nicht als eine Bewegung des Volkes zur Befreiung auf allen Gebieten des Lebens.

Dies führte zu der zentralen Frage der ökumenischen Besucher und Besucherinnen: „Macht diese Beziehung die Kirche für kulturelle, wirtschaftliche und politische Kräfte verletzlich und wird ihr prophetisches Amt dadurch geschwächt?"

Diese Beobachtung ausländischer Christinnen und Christen, die sich ihnen schon nach einem kurzen Besuch in der Bundesrepublik aufdrängte, trifft unsere eigenen Erfahrungen in Kirche und Gesellschaft. Wir haben jedoch bisher die Dominanz des Ökonomischen zu wenig zum Thema theologischer Auseinandersetzung gemacht.

Die Frage nach dem prophetischen Amt der Kirche ist 1982 in einem weiteren ökumenischen Aufruf, dem südafrikanische KAIROS-Dokument, erneut gestellt worden.

Es trifft uns in seiner politischen und theologischen Analyse als Christen und Christinnen, deren Kirchen vom weltweiten Widerspruch von Hunger und Überfluß profitieren. Damit werden wir auf die Frage nach dem Ökonomischen als beherrschendem Faktor unseres gesellschaftlichen und kirchlichen Lebens gestoßen. Angesichts lebensbedrohender Wirtschaftsstrukturen ist es unumgänglich, die Verflechtungen von Kirche und Wirtschaft anzusprechen und im Blick auf die Folgen für gemeindliche Praxis und christliches Selbstverständnis zu befragen.

Im KAIROS-Dokument wird das Barmer Bekenntnis in der spezifischen Gestaltung Bonhoeffers aufgenommen: Aus der Grenzziehung gegenüber dem totalitären Staat entsteht die Teilnahme am Kampf gegen denselben. Die dogmatische Positionsbestimmung des Verhältnisses von Kirche und Staat tritt zugunsten einer gemeinsamen Praxis gegen den totalitären Staat und der anschließenden theologischen Reflexion der praktischen Erfahrungen im Kampf um Befreiung zurück. Während die deutsche Theologie in aller Regel um formulierte Festlegungen streitet, haben sich die Autorinnen und Autoren des KAIROS-Dokumentes auf ihre gemeinsame Erfahrung von Unterdrückung und Befreiung eingelassen und diese sozialwissenschaftlich analysiert und theologisch reflektiert. Damit nehmen sie die Theologie umfassender ernst. Dieser folgenschwere Paradigmenwechsel weist auf die spezifischen Schwierigkeiten unserer eigenen Rezeption der Bekenntnistraditionen hin. Auch hier verläuft der Diskurs in aller Regel um formulierte Positionen, ohne auf den Erfahrungshintergrund solcher Positionsbestimmungen in der Form von Bekenntnissen zu rekutieren und ohne gegenwärtige Erfahrungen als kritisches Korrektiv in die Auseinandersetzung einzubringen. Genau darum geht es aber in den kirchenpolitischen Auseinandersetzungen heute: Um das Ernstnehmen authentischer Erfahrungen von Unterdrückung und Widerstehen und deren theologische Reflexion in gemeinsamer Praxis.

Wie es sich in Südafrika und Namibia um den grundlegenden ökonomischen Konflikt zwischen Unterdrückern und Unterdrückten handelt, so gilt es, in unserer bundesdeutschen Situation zu unterscheiden zwischen Verursachern, Helfershelfern, Nutznießern und Opfern ökonomischer Macht und Herrschaft. Dabei ist es wichtig, die Aggressivität unseres Wirtschaftssystems nicht länger zu verdrängen, damit Aggressionen nicht mehr selbstzerstörerisch und blockierend wirken, sondern konstruktiv gegen die verantwortlichen Verursacher und Helfershelfer gewendet werden können. Nur so kann die Gespaltenheit unserer bürgerlichen Existenz, einerseits Nutznießer der Ausbeutung der Dritten Welt und andererseits Opfer von Umweltzerstörung und Militarisierung zu sein, überwunden werden.

In dieser Gespaltenheit richtet sich die Kirche auf das Begleiten und Aushalten von Widersprüchen ein. Als Versorgungskirche schweigt sie angesichts der Dominanz des Ökonomischen in ihrer eigenen Praxis. Auch das Dialogprogramm der Kirchen, in dem mit Vertretern der bundesdeutschen Wirtschaft über ökonomische Fragen und Probleme gesprochen wird, kann seinen Zweck nicht erfüllen, weil entscheidende Voraussetzungen für den Dialog fehlen: Die Klarheit über die eigenen Bedingungen und Optionen ebenso wie über die der Dialogpartner, die Partizipation der Betroffenen, das Hinzuziehen von Experten und Expertinnen zu Sachfragen und die Öffentlichkeit des Dialogs. Die Abhängigkeiten der reichen Kirchen werden nicht thematisiert, deren Veränderung wird ausgespart. Demgegenüber versuchen Aktionsgruppen und ökumenische Initiativen, das Schweigen zu durchbrechen.

Das Schweigen durchbrechen

Die Evangelische Frauenarbeit hat mit ihren Aktionen zum Boykott südafrikanischer Früchte und des Krügerrands auf der Ebene der Verbraucherinnen das Schweigen zu Wirtschaftssanktionen gegen das Apartheidsystem durchbrochen und die Frage in die Öffentlichkeit getragen. Mit dem „Plädoyer für eine ökumenische Zukunft – wider die babylonische Gefangenschaft der Kirche" hat eine Gruppe von Christinnen und Christen 1979 entschiedenes kirchliches Handeln angesichts der Wirtschaftsverflechtungen mit Rassimus angemahnt und zur Durchsetzung von Wirtschaftssanktionen gegen das Apartheidsystem in Südafrika und Namibia aufgerufen sowie ein bundesdeutsches Programm zur Bekämpfung des Rassismus gefordert.

Aktionsgruppen, ökumenische Initiativen und Gemeinden rufen zur Kontenkündigung bei Banken auf, die zur Finanzierung der

Apartheid beitragen. Ein Netzwerk im Bundeskongreß entwicklungspolitischer Aktionsgruppen beschäftigt sich mit der Mitschuld bundesdeutscher Pharmakonzerne an der skandalösen medizinischen Versorgung der großen Mehrheit der Menschen in der Dritten Welt und drängt auf eine Veränderung der Politik dieser Konzerne.

Viele Aktionsgruppen, Initiativen und Gemeinden wären hier noch zu nennen, die die Dominanz des Ökonomischen in Gesellschaft und Kirche als Punkt Eins auf ihre Tagesordnung gesetzt haben. Zu oft werden sie von den Amtskirchen ignoriert oder nicht als Bestandteile ihres Lebens betrachtet. Sie werden weder als Teil einer größeren ökumenischen Bewegung noch als Teil des kirchlichen Engagements in existentiellen menschlichen Fragen angesehen.

Im PLÄDOYER FÜR EINE ÖKUMENISCHE ZUKUNFT haben wir in unserer Praxis in Aktionsgruppen, ökumenischen Initiativen und in Kirchengemeinden biblische Traditionen zur Auseinandersetzung mit wirtschaftlicher Macht wiederentdeckt, die uns als Kriterien und als Hoffnungen für unser Handeln wichtig sind.

Biblische Entdeckungen: Wer ist unser Gott?

Ich bin der Herr, dein Gott, der ich dich aus dem Lande Ägypten, aus dem Sklavenhause, herausgeführt habe (2.Mose 20,2).

Gott befreit aus Unterdrückung und entwürdigendem Menschsein – das ist die überragende Erfahrung des Volkes Israel und der Ausgangspunkt seines Glaubens. Zu der befreienden Erfahrung gehört auch der zweite Exodus aus der babylonischen Gefangenschaft. Israel hat so erfahren, daß Gott nicht Parteigänger derer ist, die aufgrund wirtschaftlicher und politischer Macht Ungerechtigkeit und Sklaverei betreiben.

Aber im siebten Jahr soll das Land hohe Feierzeit halten: ... Dann sollst du die Lärmposaune erschallen lassen ... So sollst ihr das fünfzigste Jahr weihen und Befreiung ausrufen im Lande für alle, die darin wohnen ... Da sollt ihr ein jeder wieder zu seinem Besitz und ein jeder wieder zu seinem Geschlecht kommen ... Und das Land wird seine Früchte geben, daß ihr genug zu essen habt und sicher darin wohnt (3. Mose 25, 4a/9a/10/19; vgl. Lukas 4,18-21).

Das Ruhen Gottes (1.Mose 2,2; 2.Mose 20,8-11) bestimmt nach dieser Vorstellung unser Verhältnis zur Schöpfung: als Korrektur unseres rastlosen Arbeitsverständnisses, als ökologische Ruhepause für

Land und Pflanzen, als Anweisung zu umfassendem Schuldenerlaß und als Hoffnung für ausreichendes Auskommen für alle. Ungerechtigkeit und Zerstörung festschreibende ökonomische Entwicklungen können und müssen durchbrochen, aufgehoben werden. Gott darf nicht ruhen, wenn seine Schöpfung nicht zur Ruhe kommen darf.

Selig seid ihr Armen, denn euch gehört das Reich Gottes ... Doch wehe euch, ihr Reichen, denn ihr habt euren Trost dahin (Lukas 6,20b und 24).

Lukas, der Evangelist an die Reichen, weiß, daß Gott in Jesus Christus seine Option für die Armen erfüllt. An der Seite dessen, der draußen vor den Toren gekreuzigt wurde, entdecken die Armen ihre Kraft: Sie können aufstehen, sie werden satt und können wieder lachen und sich freuen. Die gute Nachricht für die Armen ist schlechte Nachricht für die Reichen, sie bedeutet Gericht über die, die jetzt auf Kosten der Armen satt sind und lachen. Sie werden von Lukas zur Umkehr in die Solidarität mit den Armen gerufen.

Du sollst dir kein Gottesbild machen, keinerlei Abbild, weder dessen, was oben im Himmel ist, noch dessen, was unten auf Erden, noch dessen, was in den Wassern unter der Erde ist; du sollst sie nicht anbeten und ihnen nicht dienen, denn ich bin der Herr, dein Gott (2.Mose 20,4 und 5a; vgl. dazu Jesaja 44,9ff.).

Jesaja nimmt das Bilderverbot in einer Geschichte auf. Schmied und Zimmermann stellen nützliche Gebrauchsgegenstände her. Aus dem gleichen Material aber machen sie auch Götzen. Die Produkte treten an die Stelle Gottes. Sie unterwerfen sich ihnen und beten sie an.

Jesaja bezeichnet die Götzenmacher als „nichtig". Die hebräische Bibel gebraucht hier das gleiche Wort wie im Schöpfungsbericht: Aus dem „Nichtigen" (dem Tohuwabohu) hat Gott eine geordnete Welt gestaltet, seine Schöpfung.

Die Menschen, die Götzenbilder machen und ihre eigenen Produkte anbeten, drehen die Schöpfung um, aus der Schöpfung wird Tohuwabohu.

II. EXEMPLARISCHE HERAUSFORDERUNGEN ZU GERECHTER HAUSHALTERSCHAFT

Theologische Kritik an der Dominanz des Ökonomischen wurde von Kirchen der Bundesrepublik Deutschland bis in die Mitte der siebziger Jahre vornehmlich unter Hinweis auf Verelendungssituationen von Völkern und Menschen der sog. Dritten Welt formuliert. Die Frage, ob unser Wirtschaftssystem zum „Dienst an Gottes Geschöpfen" willens und fähig ist, wurde mit Verweis auf die Erfolgsbilanz der sozialen Marktwirtschaft – „Wohlstand für alle!" – von den Kirchen ungebrochen mit „Ja" beantwortet. Innergesellschaftlich reduzierte sich theologische Verantwortung gegenüber der Wirtschaft auf den Appell zum fairen und sozialpartnerschaftlichen Verhalten der Tarifparteien. Im Blick auf die ungeordnete Weltwirtschaft wurde – unter Rückgriff auf die Errungenschaften der eigenen Sozialgeschichte – die Möglichkeit einer Expansion der sozialen Marktwirtschaft im Weltmaßstab postuliert. Vor allem das umfangreiche Engagement bei der Überwindung von Hunger und Not in der Dritten Welt diente den Kirchen in der Bundesrepublik als Legitimation für den Wachstumsprozeß der eigenen Wirtschaft.

Angesichts unübersehbarer ökologischer Krisen seit Beginn der siebziger und eines zunehmenden Widerspruchs von Reichtum und Armut durch strukturelle Arbeitslosigkeit seit Beginn der achtziger Jahre haben sich dramatische Herausforderungen durch Wirtschaftsfragen bei Theologie und Kirche zurückgemeldet. Die offensichtliche Wirtschaftskrise ruft nicht nur nach einer Betreuung der Opfer dieser Entwicklung.. Wichtiger erscheint, daß sich ein elementarer Bedarf an religiöser Legitimation zur Regulierung und Meisterung anstehender Konflikte und Entscheidungen zu Wort meldet.

Wir möchten uns in diesen Streit um die Aufgaben von Theologie und Kirche in der Wirtschaftskrise unseres Landes einmischen. Dabei haben wir „exemplarische Herausforderungen" unter drei Gesichtspunkten ausgewählt:

1. *Welche Entwicklungen in Wirtschaft und Gesellschaft werden gegenwärtig und auf absehbare Zeit als bedrohlich erfahren und stellen deshalb jene in besondere Verantwortung, die dem Ruf Jesu zum Reich Gottes und seiner Gerechtigkeit (Matthäus 6,33) zu folgen suchen?*

2. *Welche von unserer Gesellschaft ausgehenden Wirtschaftsprozesse haben lebensbedrohende Auswirkungen nicht nur für unser Gemeinwohl, sondern auch für eine gerechte Entwicklung des gesamten bewohnten Erdkreises als der Schöpfung Gottes?*
3. *Wo liegen ökumenisch relevante Erfahrungen und Einsichten christlicher Gruppen und Kirchen vor, die versuchen, die Dominanz des Ökonomischen zu durchschauen und Strategien der Gegenmacht zu unkontrollierter wirtschaftlicher Macht zu entwickeln?*

Wir erheben mit unserer Darstellung nicht den Anspruch einer umfassenden theologischen Analyse der gegenwärtigen Wirtschaftskrise. Wir haben aber in der konkreten Arbeit an diesen Knotenpunkten gegenwärtiger Entwicklung entdeckt, daß aus solchen Erfahrungen theologisch relevante Einsichten in das diese Krise erzeugende Interessengeflecht gewonnen werden können. Solche Einsichten nötigen nach unserer Überzeugung die Kirche im Interesse derer, die von gegenwärtigen Entwicklungen überrollt werden, zur Neubesinnung über ihre eigenen wirtschaftlichen Verflechtungen.

1. Massenarbeitslosigkeit und Armut in unserer reichen Gesellschaft

Die Arbeitsgesellschaft ohne Arbeit!?

„Der Arbeitsgesellschaft geht die Arbeit aus!" – mit dieser tiefsinnigen Beobachtung ist die unbestrittene These von zunehmender Massenarbeitslosigkeit zum zentralen Thema unserer Industriegesellschaft erhoben worden. Damit ist dramatisch angezeigt, daß es bei der gegenwärtigen Wirtschaftskrise um mehr geht als um den Verlust der Vollbeschäftigung. Vielmehr bricht der entscheidende qualitative Anspruch der Arbeitsgesellschaft, wonach durch methodisch-diszipliniertes Arbeiten nicht nur materielle Sicherheiten gewonnen werden können, sondern auch gesellschaftliche Anerkennung und politische Beteiligungschancen. Es ist kaum zu bestreiten, daß unsere Kirchen wie die meisten der gesellschaftsbestimmenden Kräfte auf diese Herausforderung unvorbereitet sind. Besonders der Protestantismus mit seinem traditionellen Arbeitsethos muß sich notwendigerweise schwer tun, sich in dieser umfassenden Krise zu orientieren.

Dennoch ist Vorsicht gegenüber der Versuchung anzumelden, die eigene Betroffenheit allein auf dem Feld des Wertewandels zu lokalisieren. Zwar besteht unbestrittener Konsens darüber, daß die Massenarbeitslosigkeit struktureller und deshalb nicht von kurzlebiger Natur ist. Alle seriösen Prognosen kommen zu dem Ergebnis, daß auch bei einem (u.E. illusorischen!) durchschnittlichen realen Wachstum von 2,5% die Arbeitslosenzahl bis zum Jahr 2000 nicht wesentlich unter das heutige Niveau fällt. Aber gleichzeitig muß festgehalten werden, daß diesem „Mangel an Erwerbsarbeit" ein erheblicher Mehrbedarf an Arbeitskräften bei gesellschaftlich relevanten Problemfeldern gegenübersteht. Der Arbeitsgesellschaft geht deshalb gegenwärtig allenfalls jene Arbeit aus, die am Markt gefragt bzw. deren Wert politisch gesichert ist. Es entspricht guter theologischer Tradition, sich gegen das Argument vom „Zwang zur Arbeitsverknappung" zur Wehr zu setzen und sich in den Streit darüber einzumischen, was in unserer Gesellschaft für wert befunden wird und welchen Preis wir dafür zu zahlen bereit sind.

Unsere Kirchen haben in den zurückliegenden Jahren ihre Augen nicht vor den Folgen zunehmender Arbeitslosigkeit verschlossen. Vor allem an der kirchlichen Basis ist die Sensibilität für das Leiden von arbeitslosen Menschen gewachsen, das weit über materielle Verarmung hinausgeht. Sie haben – wenn auch äußerst allgemein und zu spät – dem weitverbreiteten Glauben an die Selbstheilungskräfte des Marktes widersprochen und staatliche Maßnahmen auf dem Arbeitsmarkt gefordert. Allerdings haben sie ihr zaghaftes Plädoyer für staatliche Beschäftigungsprogramme eher als Therapiemaßnahmen formuliert und nicht als notwendige Initiativen und Korrekturen für die Zukunft unserer Gesellschaft eingefordert.

In jüngsten Stellungnahmen hat die Evangelische Kirche in Deutschland (EKD) – z.B. in der Erklärung über sog. „Langzeitarbeitslose" – auf die Absurdität aufmerksam gemacht, daß immer mehr Menschen dafür bezahlt werden müssen, daß sie nicht arbeiten dürfen. So sind die Kosten, die unserer Gesellschaft gegenwärtig an Mehrausgaben (Arbeitslosengeld, Arbeitslosenhilfe, Sozialhilfe) und an Mindereinnahmen durch die registrierte Arbeitslosigkeit entstehen, 1985 auf mindestens 57 Milliarden DM (d.h. pro arbeitslose Person auf gut DM 25.000) angewachsen. Sie hat deshalb aufgrund sozialethischer und volkswirtschaftlicher Argumente die Fragwürdigkeit einer Politik erkannt, die Arbeitslosigkeit und ihre Folgewirkungen lieber finanziert, als diese Ausgaben in produktive Arbeitsmöglichkeiten umzusetzen.

Um so unverständlicher erscheint es uns, daß unsere Kirchen schweigen zu einer Wirtschaftspolitik, die immer noch über die Kostenentlastung der Unternehmen (z.B. die gegenwärtige „Steuerreform") Investitionen anstrebt und damit die Arbeitsplätze von „morgen" zu sichern sucht. Wenn unsere Kirchen mit guten theologischen Gründen das Recht auf Arbeit stützen, wenn sie in der Tradition der katholischen Soziallehre den Primat der Arbeit vor dem Kapital bejahen, dann können wir die offensichtliche Außerkraftsetzung der Sozialverpflichtung des Eigentums – etwa durch den Abfluß von Gewinnen in unproduktive, zinsbringende Geldanlagen – nicht verschweigen. Die Entwicklungen der zurückliegenden fünf Jahre haben unseres Erachtens erschreckend deutlich gemacht, daß auf diese Weise in der Bundesrepublik Deutschland ein automatischer bzw. freiwilliger Solidarbeitrag der Unternehmen zum Gemeinwohl nicht zu erlangen ist. Diese begreifen vielmehr die staatlich eröffneten Kostensenkungen als willkommene Flankierung einer Wirtschaftspolitik, durch die Arbeitskräfte williger und billiger gemacht werden. Sie legitimieren dies meist unter Hinweis auf den internationalen Konkurrenzdruck, vor dessen sog. „Eigengesetzlichkeit" auch unsere Kirchen resignieren bzw. kapitulieren.

In den gegenwärtigen Auseinandersetzungen um die Stahlkrise hat die Rheinische Landessynode den Moratoriumsgedanken in die Debatte um die Massenarbeitslosigkeit eingeführt (Januar 1988). Danach sollen Betriebsschließungen erst dann durchgeführt werden dürfen, wenn neue Arbeitsplätze für die betroffenen Menschen geschaffen sind. Dieser Vorstoß entspricht unseres Erachtens der Einsicht, die 1983 erstmals von der Westfälischen Landessynode formuliert wurde: Der Skandal der Massenarbeitslosigkeit stellt eine theologische, seelsorgerliche und gesellschaftspolitische Herausforderung der Kirche dar.

Der Sozialstaat zerbricht an neuer Armut

Offensichtliche Folge der Massenarbeitslosigkeit ist die wachsende Zahl von Menschen, die innerhalb der Bundesrepublik Deutschland an bzw. unterhalb der Armutsgrenze leben. Vor allem die sog. Langzeitarbeitslosen – 1986 waren mehr als 36 % der Arbeitslosen (das sind mehr als 744.000) länger als ein Jahr ohne Arbeit – geraten in den Sog der Verarmung und werden schnell zu Sozialhilfeempfängern. Mehr als ein Drittel aller Arbeitslosen erhalten gegenwärtig keine Unterstützung durch Arbeitslosengeld oder Arbeitslosenhilfe.

Mit Beginn der Massenarbeitslosigkeit wurden – schon unter der sozialliberalen Koalition, aber vor allem seit der Wende 1982 – wesentliche Einschränkungen im Leistungsbereich der Arbeitsförderung vorgenommen, und dies vor allem als Folge der abnehmenden Beiträge der Beschäftigten zum Arbeitslosengeld. Wir erkennen in dieser Entwicklung ein grundlegendes Dilemma in unserer sozialstaatlichen Struktur: Unser soziales Netz reißt gerade zu jenem Zeitpunkt, in dem es dringend gebraucht wird.

Die großen kirchlichen Werke der Caritas und der Diakonie haben in den zurückliegenden Jahren diese Zusammenhänge mit großer Deutlichkeit analysiert. Gerade sie, die in einer langen Tradition der Fürsorge für arme und benachteiligte Menschen stehen, haben unterstrichen, daß Hilfe am einzelnen, so wertvoll und nützlich sie im konkreten Fall ist, ohne sozialpolitische Maßnahmen keinen Problemlösungsbeitrag darstellt. Ihr Urteil ist deshalb ernstzunehmen, weil sie selbst am strukturellen Dilemma des Sozialstaates leiden: Gerade jetzt, wo ihr Dienst nötiger denn je gebraucht wird, gerät ihr Beitrag durch finanzielle Einbußen infolge der Mindereinnahmen bei der Kirchensteuer – vor allem durch staatliche Steuerpolitik – in Gefahr.

Schon zu Beginn der achtziger Jahre haben unsere Kirchen mit dem Aufruf zur Solidarität zwischen Arbeitenden und Arbeitslosen dazu aufgefordert, Arbeit zu teilen, um dem Prozeß der Verarmung durch Arbeitslosigkeit zu begegnen (z.B. in der Stellungnahme der Sozialkammer „Solidargemeinschaft von Arbeitenden und Arbeitslosen"). Sie haben damit – ähnlich wie die Gewerkschaften – klargestellt, daß die Sicherung vorhandener Arbeit und Bereitstellung neuer Arbeit das wirksamste Mittel gegen die Verarmung ist. Als zweitgrößter Arbeitgeber der Bundesrepublik Deutschland sind die Kirchen den gewerkschaftlichen Strategien zur Arbeitszeitverkürzung jedoch nur zögerlich gefolgt und haben sich vor allem von der Forderung nach Wochenarbeitszeitverkürzung bei vollem Lohnausgleich abgesetzt. Wir sehen in dieser widersprüchlichen Haltung nicht nur ein weiteres Signal für das immer noch gespannte Verhältnis von Kirchen und Gewerkschaften. Wir erkennen darin vor allem das strukturelle Dilemma einer Versorgungskirche, die sich schwer damit tut, sich vorurteilsfrei für die Interessen derer einzusetzen, die an der Armutsgrenze leben. Wir verkennen nicht, daß finanziellen Mehrbelastungen der Kirchen Grenzen gesetzt sind. Aber Lohneinbußen sind besonders den unteren Lohnempfängern in der Kirche nicht zumutbar; Lohnverzicht kann deshalb allein bei den höheren Einkommensbereichen (z.B. der Pfarrer und der höheren Kirchenbeamten) ansetzen. Generell halten wir daran fest, daß Forderungen nach Arbeitszeitverkürzung ohne vollen Lohnausgleich nur dann akzeptabel erscheinen, wenn die frei werdenden Mittel direkt und überprüfbar in mehr Beschäftigung für arbeitslose Menschen umgesetzt werden. Mehr Mitbestimmung der Interessenvertretungen von Arbeitnehmerinnen und Arbeitnehmern bei der Durchsetzung solcher Programme erscheint uns essentiell.

Armut in einer reichen Gesellschaft ist ein Widerspruch, der eine Kirche zerreißen muß. Wir treten deshalb dafür ein, daß zunehmende Armut nicht verdrängt und zunehmender Reichtum nicht länger verherrlicht wird. Wir rufen unsere Kirchen dazu auf, die von den Gewerkschaften geforderten Jahresgutachten zum Verhältnis von Reichtum und Armut in der Bundesrepublik zu unterstützen. Nur wenn wir die zunehmende Kluft zwischen Reichtum und Armut in unserem Land aufdecken, können wir Perspektiven für den notwendigen Neubau des Sozialstaates erkennen, die den Grundgedanken der Solidargemeinschaft entsprechen, daß die stärksten Schultern die größten Lasten tragen müssen.

Am schlechtesten sind die Chancen der Frauen

Frauen sind vorrangig betroffen von der strukturellen Arbeitslosigkeit unserer Gesellschaft. Ihr Anteil ist nicht allein in der auf mindestens 1,5 Millionen zu schätzenden „stillen Reserve" überproportional hoch, auch die Zahl der registrierten arbeitslosen Frauen steigt. Von den über eine Million Registrierten ist fast ein Drittel länger als ein Jahr ohne Arbeit. Die Folgen dieser Entwicklung gehen weit über das hinaus, was oft mit den sog. „psychosozialen Folgen" von Arbeitslosigkeit umschrieben ist. Für Frauen führt Arbeitslosigkeit nicht allein zu Isolation, Mangel an Selbstwertgefühl und Krankheit. Sie werden damit in eine geschlechtsspezifische Struktur zurückgezwungen.

In jahrhundertelanger sexistischer Arbeitsteilung wurde Frauen die Reproduktionsarbeit als ihrer Natur entsprechend zugeordnet. Sie hatten nie die Wahl zwischen dieser und den Männern vorbehaltener gesellschaftlicher Arbeit. Hervorragende Stütze für diese Art der Arbeitsteilung kam auch durch Theologie und Kirche, die das Bewußtsein der Frauen mit ihrer Ideologie von der gottgewollten Bestimmung der Frau zum Dienen tief prägten und bis heute dazu beitragen, daß Frauen akzeptieren, zu dem gemacht zu werden, wozu sie gebraucht werden.

Die lebensnotwendige Rekreationsarbeit in Familie, Kirche und Gesellschaft wird nach wie vor von Frauen unentgeldlich geleistet und als „Nicht-Arbeit" deklariert. Im Wertesystem unserer Gesellschaft ist aber unbezahlte Arbeit weder identitätsstiftend noch genießt sie öffentliches Ansehen. Damit sind Frauen von wesentlichen Erfahrungen gesellschaftlichen Lebens ausgeschlossen und durch ausschließliche Familienarbeit in eine ökonomische Abhängigkeit gezwungen, die ihr Leben prägt.

Da dieses Verständnis der Frauenrolle dazu führt, daß ein großer Teil der Frauen infolge mangelnder Ausbildung nur schwere, entfremdete Arbeit tun kann, ist es redlich zu sagen, daß in diesem Kontext die Beschränkung auf die Familienarbeit oft als Privileg gilt, das man sich leisten kann. Dennoch trifft die gegenwärtige Selektion auf dem Arbeitsmarkt die Frauen existentiell, nämlich in ihren ersten Ansätzen, das feste Rollengefüge zu durchbrechen und eine Wahlmöglichkeit zwischen Familien- und Berufsarbeit zu gewinnen. Erste Schritte auf dem Weg in eine Gesellschaft, in der Männer und Frauen gleichberechtigt Familien- und Berufsarbeit teilen, werden so zurückgedrängt oder ganz gestoppt.

Geschlechtsorientierte Arbeitsteilung deformiert Männer und Frauen. Ein Exodus aus dem Gefängnis dieser Deformation bringt Befreiung. Schweigen unsere Kirchen zum gegenwärtigen sexistischen Ausleseprozeß, dann werden Frauen in großer Zahl die Kirchen verlassen. Diese verlieren damit einen Teil ihrer produktivsten und lebendigsten Personen. Wir sehen die Gefahr, daß unsere Kirchen – zumal unter dem Druck ihrer ökonomischen Krise – die Frauen ausgrenzen, ihre kritischen Anfragen ignorieren und ihre Befreiungsbemühungen desavouieren. Damit wäre ein zentrales Element des ökumenischen Erneuerungsprozesses verraten und verspielt.

2. Hochrüstung zwischen Bedrohungsängsten und Todesgeschäften

1982 erklärte die Bundesregierung, sie wolle „Frieden schaffen mit immer weniger Waffen". Im Gegensatz dazu wird die Rüstungsindustrie mit wachsendem Exportanteil ausgebaut. Das wird u.a. mit dem Hinweis auf die Schaffung von Arbeitsplätzen begründet.

Nach einer 1945 einsetzenden Phase der Umrüstung und einer begrenzten Phase der Rüstungsproduktion seit 1951 (Aufhebung des alliierten Waffenproduktionsverbots) wurden seit der Bundeswehrgründung 1956 wieder mehr Waffen produziert. 1961 bis 1973 führte dies im Rahmen einer weiteren Beschaffungswelle zur relativen Unabhängigkeit der bundesdeutschen Rüstungsproduktion vom Ausland. Der Ausbau dieser Position seit Mitte der siebziger Jahre führte zu einem deutlich steigenden politischen Selbstbewußtsein dieses Industriezweiges, zu aggressiverer Rüstungswerbung („Wehrtechnik") und zu sprunghaft ansteigenden Rüstungsexporten.

Obwohl es kaum Unternehmen gibt, die nur Rüstung produzieren, ist ein systematischer Ausbau der Rüstungsindustrie erkennbar. Beispiele dafür sind etwa die Übernahme von Dornier (Flug- und Raumfahrttechnik, überwiegend im militärischen Bereich) durch Daimler-Benz, die Verhandlungen zwischen Daimler und dem Rüstungskonzern Messerschmidt-Boelkow-Blohm (MBB) und der Ausbau der Rüstungsproduktion bei Siemens.

Zu den wichtigsten Großabnehmern von Rüstungsgütern zählt die Bundesregierung. Bei den Bestellungen des Bundesamtes für Wehrtechnik und Beschaffung stand Anfang der achtziger Jahre der Maschinenbau (einschließlich Panzer) mit 26% an erster Stelle, dicht gefolgt von der elektronischen Industrie (19%), deren Anteil wächst. Weitere Hauptsektoren bei den Bestellungen sind die Luftfahrt (17%), Fahrzeugbau (15%) und Schiffbau (7%).

Etwa die Hälfte der Kosten moderner Waffensysteme entfallen auf elektronische Teile. Damit werden sogenannte zivile Unternehmen zu direkten Zulieferern der Rüstungsindustrie und von deren Auftragslage abhängig.

Der Bundeswehrplan 1985 bis 1997 sieht eine Steigerung von Rüstungsbeschaffungskosten von insgesamt 240 Milliarden DM vor. Das ist eine Steigerung von heute knapp 20% auf über 30% des Verteidigungshaushaltes. In den 240 Milliarden DM sind weder Personal- noch Wartungskosten enthalten.

Um ihre Kapazitäten auszulasten, bemüht sich die bundesdeutsche Rüstungsindustrie verstärkt um Export. Dabei fordert sie hohe Opfer: Sie verschlingt Ressourcen und fordert Menschenleben. Es kommt dabei zu einer unheiligen Allianz von industriellen Absatzinteressen und Absicherungsinteressen von Machteliten in vielen Ländern der Dritten Welt. So ist ein internationaler Waffenmarkt entstanden, der von ökonomischen Gesetzmäßigkeiten bestimmt wird und politischer Kontrolle immer mehr entgleitet.

Inzwischen werden 62,9% aller bundesdeutschen Waffenexporte im Gesamtwert von 772 Millionen Dollar in die Dritte Welt geliefert. Damit ist die Bundesrepublik der sechstgrößte Rüstungsexporteur hinter den USA, der UdSSR, Frankreich, Großbritannien und Italien.

Für unsere Sicherheit ist uns nichts zu teuer

Das Leitmotiv der gegenwärtigen Sicherheitspolitik ist militärische Absicherung unter dem Motto: „Für unsere Sicherheit ist uns nichts zu teuer." Sicherheit wird zum Götzen. Seinen Bildern werden Namen gegeben: „Corpus Christi" heißt ein amerikanisches Trident U-Boot; magischen Vorstellungen entsprechende Namen geben bundesdeutsche Militärs ihren Panzern (Leopard). Herrschende Politik und Ökonomie sind bereit, diesem Götzen fast jedes Opfer zu bringen. Denn das politische Geschäft mit der Angst und das ökonomische Geschäft mit dem Tod bedingen einander. Zusammen bilden sie den Nährboden für den weiterhin akzeptierten Ausbau der Rüstungsindustrie.

Auch in der Dritten Welt lassen sich Sicherheitsängste bei den Machteliten feststellen, während die Mehrheit der Bevölkerung existentiell bedroht ist.

Die in den letzten Jahren sprunghaft angestiegenen Rüstungsexporte hängen mehr mit den Repräsentations- und Absicherungsbedürfnissen der herrschenden Eliten gegenüber Aufständen und Putschversuchen zusammen als mit militärischer Bedrohung von außen.

Aktuelle Beispiele für skrupellosen Rüstungsexport sind die bundesdeutschen Waffenlieferungen an beide Parteien des Golfkrieges und die Umgehungen des verbindlichen UN-Waffenembargos gegen das Apartheidregime seit 1977.

Die militärische und wirtschaftliche Zusammenarbeit mit Südafrika war im letzten Jahrzehnt eines der wichtigsten Erfahrungs- und Lernfelder für Gruppen und Kirchen. Beispiele dafür sind die Kampagnen gegen die militärisch-nukleare Zusammenarbeit mit Südafrika und gegen die Finanzierung der Apartheid durch bundesdeutsche Banken, wie die Kampagne „Kirche gegen Apartheid".

Umkehren vom Götzendienst

Während die Amtskirche ihrer fundierten, klaren Kritik an Rüstungsexporten (1982) bisher keine Taten folgen ließ, hat eine Reihe von Gruppen konkrete Aktionen gestartet, etwa die von einem Dutzend christlicher Organisationen getragene Kampagne „Produzieren für das Leben – Rüstungsexporte stoppen". Die Gruppen haben damit das getan, was die kirchlichen Institutionen gescheut haben:

- Sie scheuen sich, Konsequenzen aus ihren Einsichten zu ziehen.
- Sie scheuen die Auseinandersetzung mit Firmen und Politikern zur Rüstungs- und Sicherheitsfrage.
- Sie sind ungeübt und wenig motiviert, sich mit dem militärisch-industriellen Komplex auseinanderzusetzen.
- Sie nehmen ihre Einflußmöglichkeiten nicht wahr, wenn es um ihr Geld und ihre Aktien in Rüstungsbetrieben geht.

Die Aufgabe von Kirchen, Christinnen und Christen ist es, im Bereich von Rüstungswirtschaft auf eine Umkehr hinzuwirken und diejenigen zu unterstützen, die daran bereits arbeiten. Nach Jesaja sind diejenigen, die den Götzen Bombe bauen und Gottes Schöpfung zerstören, nichtig. Aus dem gleichen Material, aus dem Rüstung produziert wird, lassen sich aber auch nützliche Gegenstände herstellen; sie entsprechen Gottes Schöpfung. Konversion, das ist es, was Gott und seiner Schöpfung entspricht. So muß die Umkehr in Kirche und Gesellschaft auf vier Ebenen stattfinden:

1. *Umkehr im militärisch-industriellen Bereich, d.h. Umrüstung auf zivile, sozial nützliche Güter und ökonomische Förderung solcher Konversion durch Nachfrage fördernde und steuerpolitische Impulse.*
2. *Umkehr im weltpolitischen Bereich, d.h. Entfeindung und Abrüstung, aber auch Vorleistungen zur Vertrauensbildung.*
3. *Umkehr im gesellschaftspolitischen Bereich, d.h. Entwicklung eines toleranten, integrativen, nicht ausgrenzenden Denkens und Handelns; Umkehr von der Abgrenzung hin zu einer offenen Struktur der Gesellschaft; Entwicklung sozialer Verteidigungsstrategien.*

4. *Umkehr im persönlichen Bereich, d.h. Umkehr vom Mißtrauen zum Vertrauen; Entwicklung der Bereitschaft, sich nicht von Risiken und Durststrecken abschrecken zu lassen; Förderung von Sensibilität und Zivilcourage.*

Christinnen und Christen können bezeugen, daß jenseits der Zwänge von Haß, Macht und brutaler Interessendurchsetzung eine Geschichte der Liebe existiert, die die Welt für versöhnbar und uns alle für heilbar hält.

Beendigung von Krieg und Militarisierung setzt ein striktes Rüstungsexportverbot voraus. Dies, gekoppelt mit der Umstellung von Rüstungsproduktion auf die Produktion von zivilen, nutzbaren Gütern, kann Voraussetzungen für eine menschen- und schöpfungsgerechte Welt schaffen.

3. Die Macht der Banken

Durch Aktionen und Informationen von Anti-Apartheid-Gruppen zur Verstrickung bundesdeutscher Banken in Geschäfte mit der Apartheid ist das „Tabu" Banken in den letzten Jahren durchbrochen worden. Die Beschäftigung mit den Banken hat nicht nur die Geschäfte mit Südafrika und Namibia ans Licht gebracht, sondern auch zu einem wachsenden Bewußtsein dafür geführt, daß Banken im In- und Ausland Schaltstellen wirtschaftlicher und politischer Macht sind.

Ein Tabu wird gebrochen

Durch den Erfahrungsaustausch mit ökumenischen Gruppen und Organisationen aus anderen Ländern haben wir folgendes gelernt:

- Während Banken in vielen Ländern der Welt auf „reine Bankgeschäfte" beschränkt sind, sind sie in der Bundesrepublik Wirtschaftsunternehmen bzw. Konzerne. Sie besitzen Anteile an allen Arten von Produktions- und Wirtschaftsunternehmen. Über die Möglichkeit, die Liquidität der Unternehmen zu erhöhen oder zu senken (d.h. Geld für Investitionen, Betriebsausbau etc. zur Verfügung zu stellen), können sie die Geschäftspolitik von Unternehmen mitgestalten und sie sogar zur Aufgabe eigener Pläne zwingen, indem sie dem Unternehmen die notwendigen Mittel für bestimmte Planungen „nicht so schnell" zur Verfügung stellen. Zudem sitzen Bankenvertreter in Firmen und Unternehmen, an denen sie Anteile/Aktien besitzen, meistens im Aufsichtsrat, der die Geschäfte prüft und die Geschäftsleitung beruft.

- Banken spielen vor allem bei Aktiengesellschaften eine entscheidende Rolle. Aktiengesellschaften sind im Streubesitz, viele Menschen haben eine gewisse Zahl an Aktien. Diese liegen in Bankdepots. Die Bank bietet ihren Depotkunden an, sie auf den entsprechenden Aktionärsversammlungen zu vertreten, und sie empfiehlt, wie abgestimmt werden sollte. Die meisten Aktionäre machen von diesem Angebot Gebrauch, ohne die Bank mit bestimmten Aufträgen (die die Bank dann ausführt, d.h. zur Sprache und Abstimmung bringen muß) zu versehen. Dies ist ein Mittel, wie Banken nicht nur andere Unternehmen, sondern auch das jeweils eigene kontrollieren können und dennoch von „demokratischen" Prinzipien sprechen.
- Bundesdeutsche Großbanken können die derzeitige Krise des Finanzsystems an den Börsen mit hohen Verlusten in Aktienwerten und einer Schwächung des Dollarkurses zur Festigung ihrer internationalen Führungsrolle nutzen: Während Banken in vielen anderen Ländern nur von Bankgeschäften leben (müssen), haben die bundesdeutschen „Universalbanken" über ihre Beteiligung an Wirtschaftsunternehmen eine finanzielle Absicherung. Entsprechend sind sie durch Kursverluste zwar betroffen, aber nicht in ihrer Existenz gefährdet. Zudem haben sie den Vorteil, daß sie Verluste (auch in der Schuldenkrise) abschreiben können, d.h. einen Teil ihres Gewinnes nicht versteuern müssen (somit nicht an den Staat zahlen = Verlust für den Staatshaushalt). Da letztlich die Steuerzahlenden für die Verluste durch die Schuldenkrise aufkommen müssen, nicht die Banken selbst, zahlen wir alle als Bürger/innen und Steuerzahler/innen den Mißbrauch der Schulden.
- Bundesdeutsche Banken können durch den Kursverlust des Dollar ihre Anteile und Geschäfte in den USA und anderen Ländern ausdehnen und ihren „Einflußbereich" durch Aufkäufe (dank hoher Liquidität) erhöhen. Außerdem verdienen sie derzeit durch die Verkaufsprovisionen bei An- und Verkäufen von Aktien an den Börsen immense Summen.

Die bundesdeutschen Großbanken haben in den Jahren 1983 bis 1986 wachsende Gewinne gemacht und jedes Jahr neu von „Rekordgewinnen" gesprochen. Diese Rekordgewinne wurden zu einer Zeit erzielt, da in der Bundesrepublik immer mehr Menschen arbeitslos werden und von Sozialhilfe leben müssen und in diesem Bereich vom Staat permanent Kürzungen verhängt werden, während in der Dritten Welt die Verschuldung zur Krise geworden ist.

Regierungen, die Banken und Unternehmen in ihren Geschäften einschränken wollen – etwa durch Enteignung, Einführung von Mindestlöhnen, kontrollierte Ein- und Ausfuhrbestimmungen oder höhere Besteuerung – werden von diesen Banken massiv unter Druck gesetzt. Ihnen werden Kredite gekündigt, getroffene Zahlungsvereinbarungen werden nicht eingehalten (Angola 1975, Chile 1972) oder Umschuldungen nicht gewährt, sondern ausstehende Gelder mit der Androhung von Enteignung eingefordert (Nordkorea 1987).

Dies steht im krassen Gegensatz zu den großzügigen Umschuldungen für das Apartheidsregime Südafrikas 1986/87, dem – obwohl eine Studie des Internationalen Währungsfonds (IWF) bereits 1983 darauf hinwies, daß die durch Apartheid festgelegte Wirtschaftsstruktur Südafrikas die Wachstumschancen einengt – ein Zahlungsaufschub von drei Jahren gewährt und eine Rückzahlungsfrist von zehn Jahren eingeräumt wurde. Aber nicht einmal diese, die wirtschaftlichen Strukturen betreffenden Forderungen, ganz zu schweigen von den politischen, wurden von den Banken bei den Umschuldungsvereinbarungen erhoben.

Entschuldung als Neubeginn begreifen

Die Schulden in den Ländern der Dritten Welt betragen inzwischen mehr als 1000 Milliarden US-Dollar (grob überschlagen 2 Billionen DM, inzwischen ist der Betrag durch die Umrechnung in DM erheblich gesunken, da der Dollarkurs nach wie vor schwankt; die Schuldenlast wird jedoch dadurch nicht zwangsläufig geringer, da sie zum Teil auch in anderen Währungen zurückzuzahlen ist). Aufgrund der nicht mehr rückzahlbaren Schulden wird den Ländern der Dritten Welt der Rahmen für ihre wirtschaftliche Entwicklung von den Gläubigerbanken und den großen Institutionen des internationalen Finanzsystems (IWF und Weltbank) diktiert und den Bedürfnissen der Unternehmen und/oder Regierungen in den westlichen Industriestaaten angepaßt.

Gleichzeitig werden „ertragreiche" Unrechtsregime und -systeme (Südafrika/Namibia, Chile, Südkorea) politisch und wirtschaftlich gestützt. Wenn die „Unruhen" in der Bevölkerung, die für mehr Gerechtigkeit kämpft, zu groß werden (Philippinen, Argentinien, Haiti), dann werden die gewünschten „Alternativen" mit wirtschaftlichem und politischem Druck auf die jeweilige Regierung durchgesetzt.

Die aufgezeigten Sachverhalte zeigen, daß der Aufbau von gerechten Strukturen zum Wohle der Menschen von Banken nicht gefördert, sondern in vielen Fällen verhindert wird. Es sind dieselben Banken, auf die auch wir bei Geschäften und Geldtransfers angewiesen sind. Bundesdeutsche Kirchen als Institutionen haben aufgrund ihrer Finanzstärke und ihres christlichen Bekenntnisses eine besondere Verantwortung im Umgang mit Geld und Kapital. Da sie jedoch in das staatliche Steuer- und das wirtschaftliche Finanzsystem eingebunden sind, sind sie auch an die von Banken vorgegebenen Strukturen gefesselt. Um zu Gerechtigkeit beizutragen, müssen sie sich aus dieser Verflechtung befreien und neue Wege suchen.

Einen Weg zeigt die biblische Tradition des Erlaßjahres auf (3.Mose 25). Nicht als großzügige Geste der Reichen, sondern als legitimes Anrecht der Armen auf Befreiung und Besitz wird hier angeordnet, den Schuldnern ihre Schulden zu erlassen, so daß „jeder wieder zu seiner Habe und zu seiner Sippe kommt". Das Erlaßjahr widerspricht heute wie damals ökonomischer Logik. Trotzdem ist es als aktuelle Herausforderung zu verstehen, biblische Traditionen neu zu interpretieren und Instrumente zu entwickeln, die die Ausweitung der Verschuldung und der strukturellen Armut verhindern.

In Gerechtigkeit investieren

Es ist uns wichtig, in den Kirchen und unter Christinnen und Christen Kriterien zu entwicklen, wie in Gerechtigkeit investiert werden kann. Diese Investitionen können jedoch nicht auf Gemeinden oder Kirchen beschränkt sein, wenn ihr Ziel Gerechtigkeit für alle Menschen, für die ganze Welt ist. Unter diesen Gesichtspunkten sind auch die Finanzordnungen der Kirchen zu überprüfen.

Die zu entwickelnden Kriterien müssen sich auch mit der Frage beschäftigen, bei welchen Banken Konten unterhalten werden. Der Ökumenische Rat der Kirchen hat Kriterien entwickelt, die konkret anwendbar sind, um kirchliches Vermögen von Banken abzuziehen, die Apartheid und Rassismus finanzieren. Diese bieten eine Möglichkeit für Christinnen und Christen, Kirchen und kirchliche Organisationen, sich durch bewußten Umgang mit Geld zumindest aus Unrechtsstrukturen zurückzuziehen. Auch alternative Geld- und Vermögensanlagen, wie z.B. bei der Ökumenischen Entwicklungsgenossenschaft (EDCS), oder die Kreditvermittlung von „Risiko"-Krediten für Arbeitsloseninitiativen usw., denen von Banken keine Kredite eingeräumt werden, können solche Investitionen in Gerechtigkeit sein.

Kirchen in anderen Ländern, etwa in den USA, Großbritannien oder den Niederlanden, geben uns Beispiele für den Umgang mit Vermögen und Geld. Sie setzen ihr Vermögen bewußt ein, um Unternehmens- und Bankenpolitik zu beeinflussen. In der Bundesrepublik ist dies bis jetzt genau andersherum: Die Kirchen stellen sich überwiegend gegen die Initiativen und Gruppen, die Forderungen nach Gerechtigkeit weltweit konkret an die Politik von Banken und Unternehmen stellen.

Das Aktionärsrecht sollte von Aktienbesitzern, Christinnen und Christen wie auch von kirchlichen Institutionen, verantwortlich wahrgenommen werden und nicht einfach den jeweiligen Unternehmen bzw. Banken überlassen bleiben. Es gibt inzwischen viele „Kritische Aktionäre": z.B. bei der Dresdner Bank bezüglich der Apartheidgeschäfte; bei Bayer bezüglich der Umweltgefährdung weltweit durch Chemieproduktion, aber auch des Einsatzes von Medikamenten; bei der Deutschen Bank bezüglich der weltweiten Verschuldungskrise. Diese Initiativen können u.a. durch Übertragung der Aktionärsrechte für die Aktionärsversammlungen unterstützt und damit das Anliegen für Investitionen in Gerechtigkeit gestärkt werden.

4. Weltmarktorientiertes Wirtschaften vernachlässigt Bedürfnisse des Binnenmarktes

Bei der Bewältigung der gegenwärtigen Wirtschaftskrise orientieren sich bundesdeutsche Unternehmen und staatliche Politik an einer Ausdehnung der Überschüsse im Export. Vor allem in den tragenden Bereichen der bundesrepublikanischen Wirtschaft, der Investitionsgüterindustrie (Maschinenbau, Fahrzeugbau, elektronische Industrie) und der Chemischen Industrie, nehmen wir gegenwärtig die Risiken und Gefahren einer einseitigen Weltmarktorientierung zur Kenntnis. Sie gefährdet nicht allein den sozialen Frieden im eigenen Land, sondern verschärft die sozialen Gegensätze auf der internationalen Ebene.

Kurzfristige Gewinne verdrängen langfristige Risiken

Angesichts der Störanfälligkeit der Weltwirtschaft – schwankende Energiepreise und instabile Wechselkurse – ist eine einseitig exportorientierte Wirtschaft mit hohen Risiken verbunden. Die in der Bundesrepublik in Erwartung starker Auslandsnachfrage aufgebauten Produktionskapazitäten erweisen sich als äußerst krisenanfällig. Die durch Rationalisierung und Automatisierung niedrig gehaltenen Beschäftigungseffekte sind im Rahmen einer Binnenmarktnachfrage kaum auslastbar. Die Folgen für die Beschäftigungsentwicklung innerhalb der Bundesrepublik sind bei zunehmendem weltwirtschaftlichem Druck nur schwer aufzufangen.

Es ist nicht zu bestreiten, daß bundesdeutsche Unternehmen von den weltwirtschaftlichen Disparitäten zunehmend profitieren. Gerade in Krisenzeiten haben die starken Akteure größere Chancen, ihre Interessen und Ansprüche durchzusetzen. Der Ausbau unserer außenwirtschaftlichen Position geschieht deshalb in erster Linie auf Kosten der ökonomisch schwächeren Länder des Südens, die bundesdeutscher Konkurrenz wenig entgegenzusetzen haben. Auch wenn die sog. Entwicklungsländer im Vergleich zu den EG-Ländern und den USA nur einen vergleichsweise geringen Prozentsatz bundesdeutscher Exporte aufnehmen, wirkt unsere Dominanz verdrängend auf deren Weltmarktposition. Als ökonomische Macht profitiert die westdeutsche Wirtschaft bei ihrer eigenen Krisenbewältigung von Strukturen der Weltwirtschaft, die von unseren Kirchen als „räuberisch" (Bischof Kamphaus) erkannt worden sind.

Noch aus einem dritten Grund muß die gegenwärtige exportorientierte Wirtschaftsentwicklung kritisch hinterfragt werden. Eine einseitige Ausrichtung von Unternehmensmodernisierung und staatlicher Forschungspolitik auf die Ausdehnung der Überschüsse im staatlichen Außenhandel hat eine Vernachlässigung lebenswichtiger Bedürfnisse des Binnenmarktes zur Folge. Es gibt gute Gründe für die Feststellung, daß der exportorientierte Wachstumstyp der Bundesrepublik Deutschland sich auf Kosten eines ökologisch und sozial ausgerichteten Wachstumstyps entwickelt. Unübersehbare Spannungen und Verzerrungen der Gesamtwirtschaft sind Folge dieses Trends. Als Beispiel dafür kann die Entwicklung der Automobilindustrie gelten, die nach einem Schock in den siebziger Jahren weiterhin als der Motor bundesrepublikanischen Wirtschaftens gepriesen wird. Die Feststellung, daß von einer Ausweitung dieser Branche die wichtigsten Beschäftigungseffekte für Wirtschaft und Gesellschaft der Bundesrepublik ausgehen, verdrängt unübersehbare Schäden dieser Entwicklung auf ökologischem Gebiet.

Die bundesdeutsche Wirtschaftskrise wurde in den zurückliegenden Jahren durch eine weitere Entwicklung am Weltmarkt wesentlich stabilisiert: durch das Sinken der Importpreise infolge des Dollarkursverfalls und des Preisverfalls bei Rohöl und anderen Rohstoffen. Vor allem letzteres bedeutet eine Umverteilung von Reichtum zu Lasten von Importländern aus der sog. Dritten Welt. Die innerhalb der bundesdeutschen Wirtschaftspolitik erzielte Preisstabilität war in erster Linie Folge dieser gesunkenen Importpreise, die durch höhere Tarifabschlüsse zugleich höheren Konsum der arbeitenden Bevölkerung ermöglichte.

Multinationale Unternehmen sind zentrale Akteure

Als Hauptakteure dieser weltmarktorientierten Entwicklung in der Bundesrepublik Deutschland sehen wir die Multinationalen Unternehmen. In zunehmender Auseinandersetzung mit diesen Kräften von wirtschaftlicher Macht haben Gruppen und Einzelpersonen Erfahrungen und Einsichten gesammelt, die für die Beurteilung des Wirtschaftstyps unseres Landes von Bedeutung sind:

- *Mit der Verschärfung der weltwirtschaftlichen Krise hat sich der Spielraum Multinationaler Unternehmen zur Durchsetzung eigener Interessen vergrößert. Dies gilt nicht nur für ihr Verhalten in der Dritten Welt, sondern auch im Blick auf ihre Möglichkeiten in der Bundesrepublik. Versuche zur Zähmung von wirtschaftlicher Macht, etwa durch die Durchsetzung und Einhaltung von sog. „Codices", sind in der gegenwärtigen Situation schwieriger geworden, obwohl sie nötiger denn je erscheinen.*
- *Der Anspruch Multinationaler Unternehmen, zur Überwindung von Armut beizutragen, wird nicht nur durch die Überprüfung ihres Verhaltens in der Dritten Welt widerlegt, sondern auch durch Erfahrungen bei uns zunehmend in Frage gestellt. Indem sie ihre Strategien an den Bedürfnissen des Marktes ausrichten, pro-*

duzieren sie an jenen Gruppen vorbei, die keinen Zugang zum Markt haben.

Angesichts dieser offensichtlichen Entwicklungen erscheint es unverantwortlich, daß unsere Kirchen einen wesentlichen wirtschaftspolitischen Konsens der siebziger Jahre zunehmend preisgeben: Die Notwendigkeit der Zähmung von Multinationalen Unternehmen durch effektive und kontrollierte Strategien der Gegenmacht. Dies zeigt sich nicht allein bei der theoretischen Wahrnehmung dieser Aufgabe, sondern auch im Ernstnehmen der eigenen Verantwortung. Dem Verzicht auf analytische Schärfe im Diskussionsbeitrag der EKD-Kammer für Kirchlichen Entwicklungsdienst über „Transnationale Unternehmen" entsprechen unverbindliche und perspektivlose Dialoge mit Vertretern der Konzerne auf praktischer Ebene.

Umkehrprozesse sind möglich

Extrem einseitige Weltmarktorientierung führt nach unserer Einsicht zu einem strukturellen Ungleichgewicht mit risikoreichen sozialen und politischen Folgen, vor allem in Krisensituationen. Dieser Zusammenhang macht verständlich, warum sich die Bundesrepublik Deutschland gegenüber Veränderungen der Weltmarktstrukturen in den zurückliegenden Jahren im Rahmen der UNCTAD-Verhandlungen so negativ verhalten hat. Wer im Blick auf die eigenen Produktionsentscheidungen und die Konsumstrukturen so dominant die Weltmarktprozesse zu bestimmen vermag, der wird sich dem Verlangen nach „Umsteuerung" so lange wie möglich widersetzen. Wenn es stimmt, daß unsere Kirchen aufgrund ihrer Finanzstruktur von der Weltmarktposition der Bundesrepublik profitieren, dann ist auch begreiflich, warum es ihnen so schwerfällt, sich offen gegen internationale „Räuberei" zu stellen und der biblischen Option für die Armen zu folgen.

In den Kirchen bleibt es gegenwärtig weithin ökumenisch orientierten Gruppen vorbehalten, das Konzept der Gegenmachtbildung zur Zähmung lebensbedrohender wirtschaftlicher Macht durch Druck von unten am Leben zu erhalten. Erste Erfahrungen wurden hier gesammelt von Lebensstilbewegungen und Anti-Apartheidgruppen mit ihren Aufrufen an Konsumenten, bestimmte Produkte zu boykottieren. Direkter an dem Verhalten der Unternehmen orientieren sich Modelle sog. „Kritischer Aktionäre". Völlig unterentwickelt innerhalb der Kirchen und christlichen Gruppen erscheinen uns Strategien der begrenzten Regelverletzung und des gewaltfreien „zivilen Ungehorsams“ gegenüber lebensbedrohendem Wirtschaften, wie sie etwa von Greenpeace geplant und praktiziert werden. Es ist unsere Überzeugung, daß kirchliche Dialoge zu Fragen lebensbedrohenden und lebenszerstörenden Wirtschaftens nur Geist und Macht erhalten, wenn sie solche Erfahrungen aufnehmen, anstatt sich von ihnen zu distanzieren.

Die Internationalisierung der Wirtschaftsbeziehungen ist das Charakteristikum der gegenwärtigen Wirtschaftskrise und der Versuche ihrer Regulierung bzw. Bewältigung. An keiner Stelle wird verbissener und entschiedener mit der Eigengesetzlichkeit des Wirtschaftlichen argumentiert, als wenn die sog. „mörderische internationale Konkurrenz“ beschworen wird, gegen die es sich auf Gedeih und Verderb zu wehren gilt. Je mehr die Komplexität der Krisenerfahrung wächst, desto größer wird die Versuchung, daß unsere Kirchen sich mit der Annahme einer solchen Argumentation der theologischen Herausforderung entledigen. Gegen einen solchen Trend der Unterwerfung unter die Eigengesetzlichkeiten des Ökonomischen steht nicht nur unsere theologische Tradition. Ihm widerspricht auch ökonomische Vernunft, die sich nicht vom Glauben an die Erweiterung der außenwirtschaftlichen Positionen der Bundesrepublik und vom Bekenntnis zur internationalen Konkurrenzfähigkeit blenden läßt. Der forcierte Ausbau der Nuklearindustrie seit den sechziger Jahren ist das offensichtlichste Beispiel für ein Wirtschaften, das sich von Weltmarktinteressen blenden läßt. Gegenwärtig erscheint uns die weithin unkontrollierte Entwicklung der Gentechnologie vom gleichen Drang besessen, Machtpositionen am Weltmarkt auszubauen.

Nach unserer Überzeugung darf aber ökonomische Vernunft nicht jene Risiken verschweigen, die durch scheinbar ökonomische „Sachzwänge“ einer weltmarktorientierten Modernisierung der Wirtschaft mitproduziert werden. Es ist unseres Erachtens eine wesentliche Aufgabe der Kirchen, wirtschaftliche Prozesse im Blick auf „Umkehrmöglichkeiten“ zu beobachten und unter dem Gebot „Option für die Armen“ zu bewerten. Gerade in den letzten Jahren haben neben vielen anderen Gruppen auch unsere Kirchen eine solche Chance der Umkehrung der wirtschaftlichen Entwicklungen verschlafen. Anstatt den dramatischen Preisverfall beim Rohöl an private Verbraucher weiterzugeben, bestand die politisch realisierbare Chance, diese „Importgewinne“ zur Überwindung von Arbeitslosigkeit bei uns und weltweit öffentlich auszuschöpfen und in entsprechende Programme der Beschäftigung und der Entschuldung umzusetzen. Von den verheerenden Wirkungen im ökologischen Bereich – Autoboom und Geschwindigkeitsrausch – ganz zu schweigen! Die Kirchen einschließlich christlicher Gruppen schweigen zu dieser Entwicklung. Sie verpassen dabei nicht zuletzt die Möglichkeit zu lernen, daß ökonomische Prozesse nicht sog. „Sachzwängen" folgen müssen, sondern politisch gestaltbar sind.

In vergleichbarer Weise besteht gegenwärtig eine der letzten Möglichkeiten, auf friedlichem Wege aus der Nuklearindustrie auszusteigen. Unter dem Eindruck des Reaktorunglücks von Tschernobyl hat es mutige Beschlüsse von Synoden unserer Kirchen gegeben, die entsprechende Schritte forderten. Was unseres Erachtens fehlt, ist das entschiedene Zeugnis unserer Kirche gegenüber Politikern und Vertretern der Wirtschaft, daß Umkehr aus der Illusion einer friedlichen Nutzung der Kernenergie neue Freiheit erschließt.

Eine solche öffentliche Haltung wäre zudem ein Signal für die stagnierende Diskussion zur friedlichen Nutzung der Kernenergie innerhalb der Ökumenischen Bewegung. Den Kirchen der Dritten Welt wird es leichter fallen, Abschied zu nehmen von diesem Traum, wenn eine entsprechende Umkehr von jenen Kirchen vorangeht, die sich schmerzliche Schritte ökonomisch und politisch eher leisten können.

5. Die Widersprüche des Reichtums überwinden

An vier zentralen Herausforderungen haben wir zu zeigen versucht:

- *Der Widerspruch zwischen Reichtum und Armut, der lange Zeit in die Dritte Welt verbannt schien, kommt zu uns in die Bundesrepublik Deutschland zurück.*
- *Die Bundesrepublik Deutschland schickt sich an, den Sektor der Rüstungsökonomie zu vergrößern, um durch die Verzahnung von Zivil- und Rüstungsproduktion ihre internationale Konkurrenzfähigkeit zu sichern.*
- *Bundesdeutsche Banken nehmen eine Schlüsselrolle in der epochalen Verschuldung der Dritten Welt ein. Sie intervenieren nicht nach dem Maßstab der Gerechtigkeit.*
- *Unser Wirtschaftstyp versucht, sich trotz krisenhafter Entwicklungen aufgrund seiner Dominanz am Weltmarkt zu stabilisieren,*

blendet dabei aber wesentliche Gefahren aus, die zu einer Abkehr vom gegenwärtigen Wirtschaften herausfordern.

Unter uns ist es strittig, wie diese Entwicklungen angesichts der bestehenden politischen Fronten und Kräfteverhältnisse zu beurteilen sind. Erleben wir gegenwärtig eine strukturelle Krise des Kapitalismus, die human im Rahmen dieser Wirtschaftsordnung nicht zu lösen ist, so daß – wie auch immer zu bestimmende – systemtranszendierende Veränderungen zu fordern sind, um das Lebensrecht der Mehrheit der Menschen zu sichern? Oder erlaubt unser Wirtschaftssystem umfassende Mitbestimmungsmöglichkeiten, so daß die Bedürfnisse der Armen nicht länger außerhalb der Produktionsentscheidungen liegen? Wir sind auch unterschiedlicher Auffassung im Blick auf die Frage, ob die von uns empfohlenen Maßnahmen *Alternativen zum Kapitalismus* einleiten können oder *alternative Entwicklungspfade im Kapitalismus* ermöglichen.

Trotz dieser offenen Differenzen gehen wir gemeinsam davon aus, daß mit den von uns angestrebten Schritten Chancen und Spielräume eröffnet werden, um der Bedrohung des Lebens entgegenzutreten und Umkehr zu humanerer Entwicklung einzuleiten. Nichts wäre gegenwärtig verhängnisvoller, als vor sog. objektiven Zwängen zu resignieren. Nichts wäre verantwortungsloser, als auf sog. Selbstheilungskräfte zu setzen. Solchen Versuchungen zu widerstehen, ist theologisch geboten.

Bei der Analyse der Rolle unserer Kirchen in der gegenwärtigen wirtschaftlichen Entwicklung haben wir wiederholt einen Grundwiderspruch entdeckt: Sie sind ökonomisch reich und zugleich abhängig. Dieses strukturelle Dilemma führt unseres Erachtens zur Sprachlosigkeit im Blick auf die Dominanz des Ökonomischen bzw. zum Verschweigen lebensbedrohender Konsequenzen des gegenwärtigen Krisenmanagements. In unserer eigenen Gesellschaft zeigt sich dies darin, daß die Kirchen zögern, gegenüber dem ordnungspolitischen Umbau unserer Gesellschaft das Sozialstaatsgebot des Grundgesetzes einzuklagen. Im Blick auf die Unordnung der Weltwirtschaft trennen sie sich zunehmend von jenen ökumenischen Gruppen, die ausufernde wirtschaftliche Macht auf ihren Nutzen für das Gemeinwohl hin zu kontrollieren suchen. Unseres Erachtens ist solch offensichtlicher Widerspruch nur zu überwinden, wenn unsere Kirchen ihre Finanzstruktur aus der Anpassung an Staat und Gesellschaft lösen und diese nach eigenen Gesichtspunkten zu regeln bereit sind. Wir sind der Überzeugung, daß ein solcher institutioneller Erneuerungsprozeß Geist und Kraft zurückgibt, um Herausforderungen zu gerechter Haushalterschaft für den gesamten bewohnten Erdkreis kompetent und glaubwürdig annehmen zu können.

III. AUF DEM WEG ZU EINER KIRCHE IN SOLIDARITÄT MIT DEN ARMEN

Das Beschreiten dieses Weges fordert von uns und unserer Kirche Erneuerung. Wir müssen auf Privilegien verzichten, auch auf die Bequemlichkeit, die Bibel nur aus unserer Perspektive auszulegen. Dafür befreit dieser Weg uns und unsere Kirche zu der Möglichkeit, eigene Abhängigkeiten, Zwänge und Verflechtungen mit Wirtschaft, Kapital und der dazugehörigen Ideologie zu erkennen. Er hält neue Zugänge zu uns selbst, zueinander, zu Gott bereit.

1. Aufbrüche und Widerstände

Der Weg beginnt mit der Wahrnehmung der Armen, dem Hören ihrer Klagen. Er beginnt damit, daß wir uns rufen lassen zur Umkehr und zu neuen Einsichten. Er beginnt mit simplen Vorgängen, etwa daß Frauen keine Waren mehr kaufen wollen, die Apartheid stabilisieren oder in ausbeuterischer Arbeit entstanden sind. Dem Erschrecken darüber, daß wir gedankenlos auf Kosten der Armen leben, folgt das Nachfragen nach Arbeits- und Produktionsbedingungen in fernen Ländern, nach Ein- und Verkaufsstrategien hier bei uns. Oder: Der jährliche Weltgebetstag der Frauen vermittelt eine Gottesdienstliturgie und Informationen über die Lebensumstände jeweils eines Landes, einer Kirche. Er stiftet zugleich Gemeinschaft unter Christinnen unterschiedlicher Konfessionen und gibt vielen Frauen die Möglichkeit, sich aktiv und verantwortlich am Gottesdienst zu beteiligen.

Diese Beispiele zeigen: Frauen beginnen, mit eigenen Augen *und* der Brille ferner oder naher Schwestern die Bibel zu lesen und bei ihrer Kirche verantwortliche Teilnahme einzuklagen. Sie möchten nicht länger nur mitgemeint, sondern ausdrücklich genannt sein. Sie entdecken, daß andere, die wie sie bisher durch Verkündigung und Diakonie zu Objekten gemacht wurden, selbst reden und handeln können.

Die Kirche Jesu Christi besteht aus unterschiedlichen, aber gleichwertigen Gliedern, aus berufenen Subjekten. Wer das für sich oder andere leugnet, schließt sich oder andere aus der Gemeinschaft der Heiligen aus.

Wer einen Teil der Gemeinde – z.B. die „harmlosen, geschwätzigen älteren Frauen" – von vorneherein für unfähig hält, die biblische Botschaft wirklich zu verstehen, und sie zu gutwilligen Objekten kirchlicher Unterhaltung macht (über die gleichzeitig gewitzelt und gejammert wird), ist kaum in der Lage, mit Armen bei uns oder in der Ökumene solidarisch zu sein. Auch wer in die Sünde der falschen Demut einwilligt, die volle Gotteskindschaft für sich leugnet, einer Hierarchie der Berufenen zustimmt, ist unfähig zum solidarischen Miteinander.

So wie wir sogar bei Paulus neben der ausdrücklich behaupteten Gleichwertigkeit aller Menschen in der Gemeinde (z.B. Galater 3,28; 1Korinther 11,11) sexistische Relikte finden können (1.Korinther 11,3), müssen wir unsere Widersprüchlichkeit entdecken und überwinden. In unseren Herzen und Köpfen nisten noch immer überwunden geglaubte Götzenbilder vom allmächtigen, weißen, männlichen Gott, von der alleinigen Kompetenz des Experten, vom Recht des Stärkeren, vom Verantwortungsbewußtsein des Reichen. Sie nähren – oft unbewußt und gegen unsere ausdrücklichen Worte – den Zweifel an (und in!) den Frauen, den Ungebildeten, Schwachen und Armen.

Es gibt zahlreiche Ansätze für den Weg ökumenischer Geschwisterlichkeit mit den Armen. Doch warum reagieren unsere Kirchen eher nervös als erfreut auf sie? Warum glauben sie, regulierend eingreifen, sorgsam das kirchliche Proprium hüten zu müssen? Warum versuchen sie, den konziliaren Prozeß so zu kanalisieren, daß er ihrer Aufsicht nicht entgleitet? Weshalb bevorzugen sie geschlossene Versammlungen, interne Diskussionen, offizielle Verlautbarungen?

Welche unvorstellbare Chance könnte der konziliare Prozeß sein, wenn er von unten und oben das Kirchenvolk in Bewegung brächte in Richtung Gerechtigkeit, Frieden und Bewahrung der Schöpfung! Wenn es in den Kirchen weniger ängstliche Rücksichtnahme auf das Stirnrunzeln der Militärs und Waffenschmiede, der Manager von Banken und Großchemie gäbe!

2. Wirtschaftskirche – Versorgungskirche

Die Dominanz des Ökonomischen kennzeichnet unsere Politik und Gesellschaft, und wir sind als einzelne Christinnen und Christen, als Gemeinden und als Kirchen Teil dieses Systems. Wir gehören einer Wirtschaftskirche an. Auch wenn wirtschaftliche Macht in imposanten Bauten und raffinierter Werbung für uns unmittelbar anschaulich ist, bleibt sie als längst internalisierter Anspruch in uns selbst doch meist unbewußt. Wir nehmen deshalb selten wahr, daß wirtschaftliche Macht unsere Kirche auf eine Versorgungskirche reduziert.

Wir sind darauf angewiesen, von den Opfern zu lernen, von ihnen Informationen zu bekommen, die uns nicht zugänglich sind. Das heißt nicht, daß wir Arme idealisieren. Arme, Unterdrückte, Ausgeschlossene sind oft deformiert von den Mächtigen und sich selbst. In der konkreten Begegnung erscheinen sie uns weniger angenehm als aus der Distanz des Nachdenkens. Wir sind auf die Bibel angewiesen, um zu erkennen, daß Gott uns durch sie anspricht.

Ein EKD-Vertreter sagte kürzlich im Gespräch mit Vertreterinnen einer Gruppe auf die Frage, ob wirtschaftliche Abhängigkeit die Sanktionsdebatte in der EKD mitbestimme, daß Mißtrauen und Entfremdung von Wirtschaft und Industrie gegenüber der Kirche in den letzten Jahren gewachsen seien. Immer wieder müßten bei Zusammenkünften zuerst Mißverständnisse aufgeklärt, das Verhalten mancher Gruppen erläutert, eigene Stellungnahmen verteidigt werden. Zugleich meinte er, die EKD sei relativ unabhängig, da sie ja ihr Geld von den Landeskirchen bekäme und nicht direkt aus Kirchensteuermitteln wie diese.

Diese Selbsteinschätzung zeigt ziemlich genau unsere Realität. Anders als z.B. in Südafrika ist unser kirchlicher Freiraum relativ groß; so groß jedenfalls, daß der Druck aus Wirtschaft und Politik in den oberen Rängen der Institution kaum spürbar ist. Er artikuliert sich mehr durch Personen, die entweder zu den kirchlichen Gremien selbst gehören, oder durch „Gesprächspartner" bei inoffiziellen Treffen. Dadurch erscheinen Konfrontationen mit eindeutigen Aussagen und klaren Abgrenzungen vermeidbar, kritische Distanz zu sich selbst ist kaum gefordert.

Kirchen verhalten sich, wie sich große Organisationen und Unternehmen hierzulande verhalten: ihren Besitz sichernd, ihre Struktur bewahrend, Risiko vermeidend, aber bewährte Innovationen in der Verwaltung zügig einführend. Sie unterscheiden sich als

Arbeitgeber von vergleichbaren Betrieben eher dadurch, daß sie Gewerkschaften nicht zulassen, als durch phantasievolle Entwürfe, Arbeit und Geld für ihre Mitarbeiter und Mitarbeiterinnen angemessen zu teilen. Sie legen ihre Rücklagen eher nach Prinzipien von Sicherheit und Profit als solchen von Gerechtigkeit an.

Wie schwer, ja unmöglich ist in solcher Situation ein prophetisches Wort, wie wir es mit dem KAIROS-Dokument aus Südafrika bekamen. Weil wir theologische Herausforderungen meinen verdrängen zu können, fehlt die Notwendigkeit zum offenen Konflikt mit Regierung, Banken, Unternehmen. Kontroverse Fragen werden in Gesprächen hinter verschlossenen Türen abgehandelt. Nur wenige Eingeweihte wissen, ob und mit welchem Ergebnis sie stattfanden. Das nährt Mißtrauen und Unwillen bei den Christen und Christinnen, die an solchen Problemen arbeiten; es weckt Zorn und Resignation bei den Menschen, die sich vom Einfluß der Kirchen Hilfe erhoffen. Wo es allerdings um die eigene Substanz geht (z.B. Quellensteuer, Sonntagsheiligung), werden der Öffentlichkeit gemeinsame Proteste der Kirchen bekannt. Und sie haben meistens Erfolg.

Uns fehlt die verbindliche und kritische Auseinandersetzung mit unseren eigenen theologischen Traditionen, wie wir sie aus dem KAIROS-Dokument und dem 1986 veröffentlichten „Evangelikalen Zeugnis in Südafrika" kennen. Unsere Kirche bleibt so primär die Versorgungskirche: Aus der richtigen Aufgabe, für alle dazusein, zieht sie den falschen Schluß, für alles dazusein. Sie versucht, allen gerecht zu werden, in Wort und Tat. Bei ihren finanziellen Zuwendungen unterscheidet sie Mittel aus Kirchensteuer- oder Spendenaufkommen, je nach öffentlicher Akzeptanz der Empfänger (z.B. beim Sonderfonds des Programms zur Bekämpfung des Rassismus). Allzu Aufmüpfige, die zu weit aus dem volkskirchlichen Konsens ausbrechen und ständig Ärger mit politischen oder ökonomischen Forderungen machen, können auch mit Einschränkungen oder Entzug des Geldsegens bestraft werden (z.B. die Evangelischen Studentengemeinden). Zu strittigen Fragen der Gesellschaft äußert sie sich manchmal erfreulich deutlich (z.B. gegen die Abschiebepraxis von Asylbewerbern/-innen), in Denkschriften gibt sie gelegentlich wichtige Anstöße (vgl. z.B. die Ostdenkschrift aus dem Jahre 1965). Eine vergleichbare Eindeutigkeit fehlt jedoch dann, wenn es um Auseinandersetzungen mit der Wirtschaft geht. Die jüngste gemeinsame Stellungnahme der Deutschen Bischofskonferenz und des Rates der EKD, „Unsere Verantwortung für den Sonntag", ist nur vordergründig eine Ausnahme. Denn die entschiedene Absage an eine Ausweitung der Sonntagsarbeit entspringt eher dem eigenen Interesse, die kulturelle Vorherrschaft über den Sonntag zurückzugewinnen, als daß die unternehmerischen Flexibilisierungsstrategien abgewiesen werden.

Unsere Kirche predigt zwar Buße und Umkehr, begibt sich aber selbst der Chance eines Neuanfangs, wenn sie etwa 1945 in Stuttgart bedauerte, „nicht mutiger bekannt, nicht treuer gebetet, nicht fröhlicher geglaubt und nicht brennender geliebt" zu haben. Mit diesen Komparativen hebt sie die vorher behauptete „Solidarität der Schuld" faktisch auf. Folgerichtig lehnte sie das Darmstädter Wort aus dem Jahre 1947 ebenso ab wie im Jubiläumsjahr 1987, weil es ein Gruppenwort sei, das ohne kirchenoffizielle Beteiligung entstand! Sie tut sich auch schwer zuzugeben, daß sie gelegentlich Entscheidungen revidieren muß. Als die EKD nach der Konferenz von Harare unter dem Eindruck der ökumenischen Entschiedenheit im Juli 1986 „gezielte und kalkulierte Sanktionen" gegen Südafrika „für unbedingt erforderlich" hielt, machte sie das nicht als Korrektur ihrer Auffassung deutlich. Oder gibt sie damit zu, daß sie gar nicht von der bisherigen Praxis abgehen will?

Wie gerne würden wir die Beschlüsse einzelner Landeskirchen, ihre Finanzen daraufhin zu überprüfen, ob sie gemäß den Bankenkriterien des Ökumenischen Rates der Kirchen verwaltet werden, als einen Anfang sehen zur Lösung aus hiesiger Verflechtung hin zu Solidarität mit den Armen! Aber müssen wir nach unseren Erfahrungen nicht befürchten, daß den kirchlichen Finanzexperten etwas einfällt, was die unbequemen Mahner zum Schweigen bringt, Banken- und Wirtschaftsvertreter beruhigt und schließlich den Partnern in Südafrika und Namibia noch als Zeichen der Hilfe dienen soll?

3. Biblische Einsichten – kirchliche Praxis

Wir haben unsere Kritik an der Dominanz des Ökonomischen in unserer Kirche auf eine biblische Grundlage gestellt. Die meisten Menschen lesen aber heute nur noch eine Bibel – nämlich die Bibel unserer kirchlichen Praxis. Darum können wir nicht das Evangelium von der Befreiung für die Gefangenen (Lukas 4) predigen und uns gleichzeitig als Kirche präsentieren, die selbst gefangen ist in wirtschaftlichen Zwängen und Prozessen.

Als eine KIRCHE DES EXODUS ergreifen wir jede von Gott angebotene Möglichkeit, Bindungen an wirtschaftliche Zwänge zu reduzieren und abzuwerfen, die die Freiheit unserer Verkündigung in

Frage stellen oder gar behindern können. Die Fragwürdigkeit unserer kirchlichen Existenzgrundlage ist neuerdings wieder eklatant sichtbar geworden, als den Kirchen der Erlaß der Quellensteuer in Aussicht gestellt wurde. Die Klage der Kirche, ihre diakonische Existenz stehe auf dem Spiel, fordert die Frage heraus, wie es um die geistliche Qualität einer kirchlichen Diakonie bestellt ist, die in einem existenzbedrohenden Maß abhängig ist von ausgesprochenen kapitalistischen Profiten, nämlich von Zinserträgen. Eine dem Gott des Exodus verpflichtete und gehorsame Kirche kann nicht anders, als an ihrer Befreiung aus diesen Bindungen zu arbeiten. Daß der Exodus in die Wüstenwanderung mündet und eine langfristige, entbehrungsreiche Umstellung erforderlich macht, sollten wir als Bewährungsmöglichkeit des Glaubens erkennen, dessen Mut uns erst wieder ökumenisch glaubwürdig und dialogfähig macht. Die langfristige Befreiung aus dem Kirchensteuersystem in all seinen Spielarten kann selbstverständlich nicht isoliert ins Auge gefaßt und in Szene gesetzt werden. Sie muß eingebettet sein in eine allgemeine und umfassende Neuorientierung unserer Kirchen in ihrem Selbstverständnis, in ihrem Arbeits- und Lebensstil und ihrer von praktischer Glaubwürdigkeit abhängigen Verkündigung.

Die Kirche ist weder das REICH GOTTES, noch führt sie es herbei. Aber Jesus hat ihr geboten, zuerst *danach* zu trachten, weil ihr dann „alles andere" zufalle. Wir sollen also die Grundzüge dieses Reiches widerspiegeln, die Jesus auf einen einzigen Nenner bringt: den Nenner der Gerechtigkeit. Gerechtigkeit ist das Charakteristikum der befreiten Kirche. Sie vermag sowohl in ihren eigenen Reihen wie im Umgang mit allen Menschen dem Modell der göttlichen Gerechtigkeit zu entsprechen, die sich orientiert an den Bedürfnissen der Armen und der Unterdrückten. Auf sie hin und von ihnen her ordnet sie die Beziehungsstrukturen und den Umgang unter Menschen. Die Gerechtigkeit des Reiches Gottes verbietet es der Kirche, sich zum Anwalt der Starken und zum Fürsprecher ihrer Interessen zu machen. Die Opfer wirtschaftlicher und technologischer Prozesse haben unbedingten Vorrang für die Praxis einer Kirche, die nach der Gerechtigkeit des Reiches Gottes trachtet.

Die Kirche, die wir als GEMEINSCHAFT DER HEILIGEN bekennen, wird anschaulich in den Früchten des Geistes, in denen sich die Freiheit der Befreiten manifestiert. In unserem Zusammenhang sind dabei Kritikfähigkeit und Konfliktfähigkeit von besonderem Belang. In gegenseitiger geschwisterlicher Kritik und im sorgsam inszenierten Konflikt versucht diese Gemeinschaft, unterschiedliche Gestalten von Kirche nicht nur taktisch auszubalancieren, sondern im Gespräch miteinander zu halten. So erkennen und anerkennen die „Frommen" ebenso wie die „Politischen", daß sie sich notwendig ergänzen und aufeinander angewiesen sind, statt sich gegenseitig auszugrenzen und voneinander abzusetzen. Es müßte der „Gemeinschaft der Heiligen" möglich sein, öffentlich deutlich zu machen, daß das „Beten und Tun des Gerechten" (Bonhoeffer) zusammengehören und nur miteinander Verheißung und Glaubwürdigkeit gewinnen.

Kirche als GEMEINSCHAFT DER BEFREITEN gewinnt und praktiziert den Mut zu Offenheit und Transparenz, zu freimütiger Rechenschaftslegung auch und gerade im Bereich kirchlichen Wirtschaftens und wirtschaftlicher Interessen. Es ist absehbar, daß dies zu Konflikten führen mag. Aber diese Konflikte müssen sorgsam vorbereitet werden und der Öffentlichkeit zugänglich sein – eine Forderung, die wir in den politischen und wirtschaftlichen Lebensbereichen selbstverständlich erheben! Inszenieren wir unsere Konflikte nicht, dann werden zahlreiche kreative und innovative Kräfte und Begabungen aus der Kirche abwandern, von deren Mitwirkung und Einsatz die Existenz der Kirche langfristig stärker abhängig ist als von der Sicherung ihrer materiellen Ressourcen. Nur eine befreite Kirche ist fähig zu lernen, sich als Gemeinschaft neuen Erfahrungen auszusetzen. So bleiben wir auf dem Weg der Solidarität mit den Armen. Sie können dem Lernen nicht ausweichen, dem sie unter Konflikten und Opfern ausgesetzt sind. Unsere Solidarität mit ihnen wird erst konkret und glaubhaft, wenn auch wir uns als Kirche dem von Schmerzen und Opfern begleiteten Lernen aussetzen.

Diese Gemeinschaft der Befreiten feiern wir im Mahl von Brot und Wein. Hier erfahren wir die Freiheit zu Kritik und Konflikt, zum gegenseitigen Offenlegen unseres Besitzes und die Möglichkeit, ihn zu teilen. In der Mahlgemeinschaft bauen wir die der Geschwisterlichkeit abträglichen Strukturen und Beziehungsdefizite ab und öffnen unsere Gemeinschaft auch für die, die nicht zum „Kern der Familie" gehören. Das auf diese Weise radikal geöffnete Abendmahl signalisiert und symbolisiert der Gemeinschaft der Befreiten, daß „unsere Solidarität mit der Menschheit unbegrenzt ist" (Visser't Hooft).

4. Schritte auf dem Weg

Zahllose einzelne Gruppen, Initiativen und Gemeinden sind schon auf dem Weg der Solidarität mit den Armen. Das macht uns Mut, diesen Weg mitzugehen und weiterzugehen. Unser Dokument hat versucht, diese Armen konkret beim Namen zu nennen, die Ursachen ihrer Verarmung aufzudecken, unsere Infragestellung als Kirche und einzelne durch sie zu artikulieren. Die Masse der Armen lebt und leidet in der sog. Dritten Welt – aber nicht nur dort. Sie leben und leiden bei uns und unter uns, in unseren Städten und Gemeinden. Aber sie werden im wörtlichen wie im übertragenen Sinn verdrängt und verschwiegen. Wir wollten zeigen, daß und wie unsere Kirchen an diesem Prozeß des Verdrängens und Verschweigens beteiligt sind. Die amtskirchlich angeordnete Struktur eines konziliaren Prozesses hinter verschlossenen Türen erkennen wir mit Trauer als ein weiteres Indiz für kirchliches Verdrängen und Verschweigen.

Darum sehen wir es als *ersten* Schritt auf dem Weg, das Verdrängen zu beenden, das Verschweigen zu durchbrechen. Wir müssen wahrnehmen, was wir nicht wahrhaben wollen: Die Armen sind unter uns, und wir müssen uns von ihrem Schreien stören lassen. Ihre Existenz ist kein fatales Schicksal, sondern menschengemachte soziale Katastrophe. Wir wollen daran arbeiten, daß das in unseren Gottesdiensten, in unseren Gemeindeveranstaltungen, in unseren Publikationen so zur Sprache kommt, daß unser Gewissen erweckt, unser Wille zur Veränderung mobilisiert, Phantasie und Gehorsam gestärkt werden.

Der *zweite* Schritt liegt in der Einsicht, daß nicht wir, denen es mehr oder weniger gut geht, die wichtigsten Akteure sind. Die wichtigsten Akteure sind die Armen selbst. Geglückte Erfahrungen mit Selbsthilfegruppen haben uns ermutigt, daran weiterzuarbeiten, daß die Armen selbst zu Wort kommen, daß die Stimme der Opfer auch in der Kirche Gehör findet, daß sie in die Lage versetzt werden, ihr Leben selbst in die Hand zu nehmen. Für die meisten von ihnen ist nicht der materielle Mangel das Schlimmste, sondern die Verachtung ihrer menschlichen Würde, die durch tausend Kleinigkeiten erniedrigt und gedemütigt wird. Menschenverachtende Behandlung von Arbeitslosen und Sozialhilfempfängern ist weit verbreitet. Sie wird häufig von kleinlichen Vorschriften gefördert. Diese entwürdigende Behandlung wird gegenwärtig unter dem irreführenden Namen von Reformen im Finanz- und Gesundheitswesen gesellschaftsweit festgeschrieben. Wir erwarten, daß der „konziliare

Prozeß" dazu kritisch Stellung nimmt – öffentlich und unzweideutig, wie es zur prophetischen Rede gehört.

Einen *dritten* Schritt auf dem Weg sehen wir in der Bildung von Netzwerken. Es bestand und besteht nämlich die Gefahr, daß die Unbeweglichkeit oder der Unwille der Amtskirche, auf den Schrei der Armen zu reagieren, Christen/Christinnen oder Gruppen zum Einzelkämpfertum verleitet. Diese Gefahr ist erfreulicherweise seit einiger Zeit erkannt und gebannt worden – die zahlreichen sich ausbreitenden Netzwerke in der Bundesrepublik sind Zeugnis dafür. Zwar muß unser Engagement rasch, konkret und am Ort der Krise einsetzen. Aber die regionale und weltweite Verknüpfung der lokalen Krisenherde ist ein entscheidender ökumenischer Beitrag unserer Solidarität mit den Armen. Für diese notwendige Vernetzung von Informationen, Erfahrungen und Ressourcen stehen uns vielfache Möglichkeiten zur Verfügung, die wir in den Dienst des ökumenischen Kampfes gegen die Verarmung stellen können und müssen. Vollzieht sich doch auch der Verarmungsprozeß mit den Mitteln eines regionalen (vgl. die Europäische Gemeinschaft) bzw. weltweiten (IWF) Netzwerkes derer, die die Verarmung vorantreiben. Wesentlich bleibt aber, daß Initiative und Entscheidung über lokale Strategien und die Inanspruchnahme globaler Hilfsangebote in der Hand der Armen liegen.

Einen *vierten* Schritt auf dem Weg einer mit den Armen solidarischen Kirche bildet für uns die Parteinahme für die vom Verarmungsprozeß besonders betroffenen Frauen. Mehr noch als bei uns tragen sie in den Ländern der Dritten Welt die Hauptlast der Verelendung. In vielen Ländern sind sie einer besonders entwürdigenden Recht- und Schutzlosigkeit ausgesetzt und dennoch gleichzeitig verantwortlich für die Erziehung der Kinder, die Ernährung der Familie, die Erhaltung der Umwelt. Wir erfahren mit Hochachtung und Respekt, daß sich fast überall die Frauen zur Selbsthilfe organisieren und dem ihnen angetanen Unrecht widersetzen. Die CHIPKO-Bewegung in Indien ist zu einem weltweiten Symbol für diesem Frauen-Widerstand geworden, weshalb sie auch vor kurzem mit dem alternativen Nobelpreis für „Richtiges Leben" ausgezeichnet wurde. Solche Erfahrungen können auch bei uns den Frauen Mut machen, die unter anderen Bedingungen, aber in durchaus analoger Betroffenheit zu den Armen und Verarmten gehören, Opfer einer Kultur physischer und ökonomischer Gewalt.

Ein *fünfter* Schritt auf dem Weg zur Solidarität mit den Armen ist für uns, einige der unser Zeugnis und unsere befreiende Praxis lähmenden Verflechtungen zwischen Kirche und Staat mit dem Ziel der

Auflösung in Angriff zu nehmen. Zwei Herausforderungen sind dabei für uns von besonderer Bedeutung:

- *Eine der zentralen Verflechtungen zwischen Kirche und Staat sehen wir in dem an staatliche Rahmenvorgaben gekoppelten innerkirchlichen Dienstrecht. Ein der Geschwisterlichkeit der Koinonia und der Gleichwertigkeit der Charismen entsprechendes Dienstrecht in der Kirche muß einheitlich sein für alle, die in der Kirche und Diakonie arbeiten. Die Forderung nach einem einheitlichen Dienstrecht wird schon lange von unterschiedlichen Gruppen in unserer Kirche erhoben. Seine Verwirklichung scheiterte immer wieder an den Bestandswahrungsinteressen der als Beamte in unterschiedlichen – staatlichen Gepflogenheiten entsprechenden – Besoldungsgruppen arbeitenden Pfarrer und an juristischen Argumentationen. Es ist an der Zeit, daß hier theologisch argumentiert und entschieden wird, um anschließend daraus rechtliche Regelungen abzuleiten. Es ist dies ein Prüfstein dafür, wie ernst wir es mit den unterschiedlichen, aber gleichwertigen und gleichgewichtigen Gaben im Dienst der Kirche nehmen.*
- *Besonders offensichtlich ist die Verflechtung im zwischen Kirche und Staat abgeschlossenen Militärseelsorgevertrag. Wir bestreiten nicht die Notwendigkeit des Angebots kirchlicher Seelsorge den Christen gegenüber, die ihren christlichen Glauben mit dem Dienst in der Bundeswehr verbinden können. Doch muß dies ein originärer Dienst der Kirche sein. Unter den Bedingungen des Militärseelsorgevertrages – Militärpfarrer unterliegen staatlichem Dienstrecht und seinen Anordnungen, werden staatlich finanziert etc. – ist es jedoch nicht möglich, ökumenische Positionen, die Geist, Logik und Praxis der Abschreckung verwerfen, deutlich zu vertreten. Deshalb bedarf es hier der „Befreiung aus gottlosen Bindungen". Wir können nicht militärische Absicherung und Todesgeschäfte verwerfen, ohne auf eine Kündigung des Militärseelsorgevertrages seitens der evangelischen Kirche zu drängen. Wir erhoffen und erwarten hierüber eine entscheidungsbezogene Diskussion im konziliaren Prozeß.*

Einen *sechsten* Schritt auf dem Weg bildet für uns die beharrliche, kritische Beobachtung und Begleitung der Banken und ihrer Macht. In unserem Memorandum haben wir dazu eine ausführliche Begründung gegeben. Die Banken sind, zumal in ihrem internationalen Verbund, ein entscheidender Schicksalsfaktor für die Armen in der ganzen Welt. Solidarität mit den Armen gebietet Kirchen und Christen ein erhöhtes Maß an Aufmerksamkeit und Einsatzbereitschaft für einen an der „Gerechtigkeit des Reiches Gottes" zu messenden Umgang mit dem Geld und der Art und Weise seiner Investition.

Auf dem Weg einer Kirche in Solidarität mit den Armen stehen wir nicht mehr am Anfang. Wir gehen ihn auch nicht isoliert, sondern in einer weltweiten, ökumenischen Gemeinschaft von Geschwistern, die sich von der Wüstenwanderung nicht schrecken lassen. Die Erinnerung oder auch die aktuelle Erfahrung gelingender Schritte helfen uns, Resignation und Frustration immer neu zu überwinden. Die Beharrlichkeit der Boykottaktion der Evangelischen Frauenarbeit ist ebenso ermutigend wie der zähe, aber vorangehende „lange Marsch" der Ökumenischen Entwicklungsgenossenschaft EDCS.

Als der gegenwärtige Ratsvorsitzende Bischof Kruse sein Amt antrat, hat er die EKD als „Erbin der Friedensbewegung" bezeichnet und versprochen, sie weiterzutragen. Ihm bei der Einlösung dieses Versprechens zu helfen, ist für uns ebenso ein Schritt auf dem eingeschlagenen Weg wie die feste Absicht, unsere Kirche nicht loszulassen in dem Bemühen, sie zur Umkehr zu bewegen, wo es um die Solidarität mit den Armen geht. Auch die Apartheid ist letztlich nicht eine „Rassenfrage", sondern eine Herausforderung an unsere Kirchen und unsere Theologie, die Dominanz des Ökonomischen in unserer Kirche und in unserer Theologie zu überwinden.

Mitglieder im Fortsetzungsausschuß

Karl-Heinz Dejung, Mainz (1979 -)
Karl Herbert, Alsbach (1979 - 1985)
Wolfgang Lienemann, Heidelberg (1979 - 1983)
Geiko Müller-Fahrenholz, Bad Segeberg/jetzt: San José, Costa Rica (1979 - 1983)
Paul Gerhard Seiz †, Bad Boll/Stuttgart (1979 - 1985)
Werner Simpfendörfer, Hinterzarten (1979 - 1983; 1987 - 1988)
Martin Stöhr, Arnoldshain/Siegen (1979 -)
Bärbel v. Wartenberg-Potter, Genf/Kingston, Jamaica (1979 - 1983)
Fritz-Erich Anhelm, Bad Boll (1979 - 1983; 1989 -)
Flois Knolle-Hicks, Frankfurt (1983 - 1985)
Eva Michel, Marburg/Frankfurt (1983 - 1987; 1989 -)
Doris Peschke, Bonn/Frankfurt (1983 -)
Christa Springe, Mainz (1983 - 1985)
Willy Beppler, Wiesbaden (1985 - 1989)
Doris Sybille Jonas, Mayen (1985 -)
Rita Korhammer, Bremen (1985 - 1989)
Reinhard Voß, Bocholt/Wethen (1985 - 1987)
Johanna Friedlein, Hannover/Loccum (1987 - 1989)
Heinz-Jürgen Joppien, Mülheim (1987 -)
Gerd Klatt, Stuttgart (1988 -)
Barbara Maubach, Hamburg (1989 -)

Geschäftsführerin

Doris Appel (seit 4/1987)

Geschäftsstelle

Rendeler Str. 9-11, 6000 Frankfurt 60; Tel.: 069/45 90 71

Die PLÄDOYER-Geschäftsstelle fungiert gleichzeitig als Außenstelle des **Ökumenischen Büros Wethen**, zu dem das PLÄDOYER neben der „Ökumenischen Initiative Eine Welt" und dem „Ökumenischen Informationsdienst" gehört.

Vorstand des Vereins (seit 1981)

Karl-Heinz Dejung, Mainz
Michael Arndt, Wiesbaden
Gerhard Fritz, Landau